Mon enfant est précoce

Illustrations de la Boîte à outils : © fotolia

Conseil éditorial : Sophie Carquain
Mise en pages : Caroline Verret
Suivi éditorial : Françoise Ancey

29, boulevard Raspail
75007 Paris – France
E-mail : info@editionsleduc.com
ISBN : 979-10-285-1190-6

Nathalie Favre
et Béatrice Lorant

Mon enfant est précoce

Guide à l'usage des parents désorientés

LEDUC.S PRATIQUE

Sommaire

Introduction 7
Nos petites histoires de vie 11

Identifier un enfant précoce 15

Le parcours du combattant des parents 17

Les premiers signes 18
On rembobine le film 29
Des parents en proie au désarroi 34
Du désarroi au diagnostic 38

Mon enfant est « officiellement » précoce 51

L'enfant à haut potentiel, un colosse aux pieds d'argile 52
Un enfant qui met très tôt en place des mécanismes de défense 69
De la précocité à la pathologie 73

Comment accompagner l'enfant précoce (et ses parents !) 81

Soutenir les parents 84

Apporter les premiers secours 84
Aider les parents à être des parents 89
Quelle attitude adopter vis-à-vis de l'école ? 118

Aider les enfants à s'épanouir 124

Il était une fois... moi 124
Comment bien vivre avec moi-même et avec les autres ? 129

Notre boîte à outils « Maison » 135

Conclusion 173

Annexes 177

INTRODUCTION

Le choix des ouvrages abordant la précocité est très large, et nous en ajoutons un de plus ! Pourquoi ? Parce que nous sommes persuadées que de nombreux parents continuent de s'interroger, de douter, et ce, malgré tout ce qu'ils ont déjà pu lire, voir et entendre sur les surefficients, les zèbres, les hauts potentiels, les surdoués, etc.

Nous le savons d'autant mieux que nous sommes passées par là. Toutes deux mamans d'enfants précoces, nous avons mis du temps à comprendre et accepter la situation. Au début, nous étions plutôt déroutées, souvent admiratives, parfois inquiètes, décontenancées aussi, voire carrément démunies devant le comportement de nos enfants. Nous avons longtemps erré, écumé les rayonnages des librairies, fouillé le Net, interrogé médecins et psys, sans jamais vraiment trouver notre bonheur. Nous avons pioché ici et là et, finalement, bricolé nos recettes personnelles.

Béatrice – un fils précoce, Paul (10 ans) – est journaliste. Elle a déjà publié un livre consacré au mental surchauffé des « hyperpenseurs », aux éditions Leduc.s. Nathalie – deux filles et un garçon précoces, Émilie (34 ans), Paul (20 ans) et Marie

(17 ans) – a accumulé un tel savoir sur la zébritude qu'elle a décidé, un jour, de réorienter sa carrière. Conseillère en formation professionnelle de métier, elle est aujourd'hui psychopraticienne et reçoit, acompagnés de leurs parents, des enfants précoces de tous âges, ainsi que de plus en plus d'adultes. Évidemment, elle ne voit pas ceux qui vont bien – et ils sont nombreux ! –, sauf quand un événement douloureux les oblige brutalement à consulter et que la thérapie classique ne fonctionne pas. La plupart du temps, Nathalie accueille de jeunes gens qui peinent à se comprendre, à comprendre les autres, à vivre. Un mal-être plus ou moins envahissant, dont la précocité constitue presque toujours la pierre angulaire.

Pour autant, nous ne considérons pas la surefficience mentale comme une pathologie, mais plutôt comme un mode de fonctionnement dont il faut tenir compte si l'on veut connaître l'enfant et l'aider à se connaître lui aussi. Pour épauler les parents et réconcilier leurs petits « sans pareils » avec eux-mêmes, nous avons choisi de rédiger une première partie très personnelle, nourrie de nombreuses anecdotes. À partir de nos souvenirs et de ceux d'amis et de parents, nous avons reconstitué une sorte de parcours parental-type, depuis les toutes premières interrogations, quand l'enfant est encore un bébé, jusqu'au diagnostic. Il nous a semblé intéressant de montrer que la précocité ne procédait pas d'une soudaine révélation mais d'une progressive – et parfois douloureuse – prise de conscience. Dans la deuxième partie, nous présentons, de manière concrète et pragmatique, nos propres conseils et méthodes, dont certains sont réunis, en fin d'ouvrage, au sein d'une « boîte à outils maison ».

Notre seul objectif : qu'en refermant le livre, vous soyez mieux armés que nous à nos débuts ! Ne vous attendez pas pour autant à lire un conte de fées, mais plutôt un récit d'aventures semées d'embûches, parfois conséquentes et douloureuses mais heureusement surmontables !

Bienvenue à Précoceland !

Nos Petites Histoires De Vie

★ Nathalie, maman d'Émilie, Paul et Marie, tous précoces !

Mon fils Paul a été détecté « précoce » à l'âge de 5 ans, à la suite d'un parcours « maternelle » chaotique : son institutrice me renvoyait l'image d'un enfant décalé, un peu attardé, solitaire voire taciturne, alors qu'à la maison il était joyeux, vif, intelligent. Est-ce que je manquais à ce point de clairvoyance ?

L'idée de l'autisme m'a effleurée (mais je ne connaissais de l'autisme que ce que les médias nous en montraient, c'est-à-dire pas grand-chose). Je commençais à regarder mon petit garçon différemment, avec un œil inquisiteur, presque suspicieux, faisant fi de mon intuition et ouvrant grand la porte à la culpabilité et à mon sentiment d'incompétence. Je ne savais plus à quel saint me vouer, d'autant qu'en parallèle, je devais faire face aux échecs scolaires et aux multi-crises existentielles de mon ado alors âgée de 18 ans. J'ai donc décidé de m'en remettre à des professionnelles à qui j'ai confié mon enfant, mon manque de confiance et mon sentiment d'incompétence ! Tout à tour, orthophoniste, psychomotricienne puis psychologue m'ont mis sur la piste de la précocité, me réhabilitant ainsi dans mon rôle de « mère suffisamment bonne ». Elles m'ont soutenue, encouragée, apaisée. Elles ont répondu à tous mes questionnements et m'ont déculpabilisée sans jamais me juger. « La seule erreur que vous ayez commise est sans doute de n'avoir pas assez écouté votre intuition » m'a dit un jour la psychologue qui suivait alors mes deux aînés.

Grâce à elles et à leur soutien, j'ai découvert la précocité de mes trois enfants, j'ai compris et appris de chacun d'eux, grandissant moi-même en cheminant à leur côté. Je me suis peu à peu surprise à repérer les petits extraterrestres aux sorties d'école, leurs mamans dépassées qui rasaient les murs... La sympathie s'est transformée en réseau, le réseau scolaire en réseau social (Internet, forums, blogs), puis, au fil des années et des formations, en réseau professionnel.

★ Béatrice, maman de Paul, précoce et légèrement Asperger

Très petit déjà, Paul a manifesté un comportement déroutant : il dormait parfaitement la nuit, mais peu dans la journée, piquait de grosses colères, notamment dans sa poussette si je ne faisais pas le tour habituel (j'ai compris plus tard que, déjà bébé, il s'était pris de passion pour les réverbères et qu'il voulait retrouver ceux qu'il connaissait : les droits, les courbés, ceux à doubles globes...). D'autres signes se sont ajoutés par la suite : il a appris à lire seul, au début de la moyenne section, après avoir vite retenu le dessin des lettres de l'alphabet et compris le B.A-ba en petite section.

Malgré cela, aucun enseignant ne m'a conseillé de le faire tester ou de lui faire sauter une classe. J'avais juste droit à de réguliers « Il est plutôt très en avance pour son âge ». C'était mon seul enfant et je pensais que les maîtresses, qui en ont chaque année 30 dans leur classe, s'y connaissaient mieux que moi… Paul a finalement été diagnostiqué en début de CE2, à 8 ans et à mon initiative, parce qu'après avoir tout lu et pris rendez-vous avec chacune de ses enseignantes depuis le début de sa scolarité, j'ai constaté que toutes pointaient une grande angoisse, une difficulté à participer aux jeux collectifs, une mémoire encyclopédique. Et à la maison, dans le cadre de crises de colère ou de tristesse, j'avais régulièrement droit à des « Je vais me planter un couteau dans le cœur » ou « Je voudrais qu'on m'enlève le cerveau ». La psychologue qui l'a diagnostiqué m'a également conseillé de vérifier s'il n'avait pas un petit trouble du spectre autistique… Eh si ! Il a un TSA d'intensité légère.

Aujourd'hui, à 10 ans, il est toujours hypersensible et inquiet, mais il y a longtemps que je n'ai pas eu de crises ! Il grandit donc bien, est inscrit à un groupe d'habiletés sociales, fait de l'athlétisme et a de plus en plus d'amis !

IDENTIFIER UN ENFANT PRÉCOCE

CHAPITRE 1

LE PARCOURS DU COMBATTANT DES PARENTS

Tout le monde rêve d'être intelligent – beau et bien-portant en prime ! C'est forcément un gage de réussite dans les études et dans la vie. Les parents, qui reçoivent un tel « don », ont donc toutes les raisons d'être heureux et de remercier le ciel – ou la génétique ! Sauf que la précocité, ce n'est pas seulement l'intelligence. C'est aussi quelques particularités physiques et psychologiques plus ou moins étranges, plus ou moins violentes, auxquelles lesdits parents, un jour ou l'autre, sont confrontés. Tour à tour, les voilà qui se réjouissent, s'inquiètent, se rassurent, s'étonnent de nouveau, bref, expérimentent le mouvement perpétuel, entre émerveillement et désarroi.

Les premiers signes

Bien souvent, c'est au moment de l'entrée en maternelle, entre 3 et 4 ans, que les ressemblances ou, au contraire, les différences, le décalage avec les autres se dessinent plus nettement. Les enfants s'expriment mieux, leurs goûts s'affirment, ils sont plus autonomes. Surtout, pour la première fois, les voilà tous réunis au sein d'une même « classe d'âge ». En regardant leur enfant interagir – ou pas – avec ses pairs, en observant son comportement et celui de ses camarades, en comparant ses compétences et ses centres d'intérêt, en discutant avec l'enseignant et les autres adultes, les parents commencent à comprendre que leur intuition ne leur jouait pas forcément des tours.

★ Une curiosité insatiable

Si l'on devait établir un classement des signaux évocateurs de précocité, on placerait la curiosité en tête. La soif de découvertes de notre chercheur en herbe ne s'interrompt en effet qu'avec le sommeil, et encore ! Tous les soirs, il s'endort avec des questions et tous les matins, il se réveille avec d'autres...

Cette quête de réponses oblige très tôt les parents à réviser la préhistoire : « Pourquoi les dinosaures sont tous morts ? » ; l'Antiquité : « Est-ce que les gladiateurs gagnaient parfois contre les lions ? » ; l'astronomie : « Pourquoi la Lune ne tombe pas ? »; la métaphysique : « Qu'est-ce qu'il y a derrière le ciel ? ». Ou bien tout « simplement » à battre la campagne, à la recherche de sources d'eau ou de champignons.

Par exemple, si le fils de Nathalie adorait passer ses mercredis dans les musées, sa sœur Marie s'y ennuyait, et préférait imaginer et réaliser de nouvelles recettes de cuisine, s'approcher au plus près des oiseaux, discuter avec les poneys du champ voisin. Là où son frère cherchait à emmagasiner des connaissances, elle voulait faire des expériences. Quant au fils de Béatrice, il passait, à 3 ans, le plus clair de son temps au-dessus d'un plan du métro parisien, puis plus tard de l'ensemble du réseau Île-de-France, à observer les trajets des lignes et leurs points de croisement. Le week-end, il entraînait sa mère dans les sous-sols de la capitale, histoire d'étudier « in vivo » vitesse, cahots, tunnels, aiguillages de chaque train.

« Il faut arrêter de les pousser comme ça » entendent régulièrement les parents de ces petite ou moyenne sections. Mais les mêmes parents sont unanimes : ils ne « poussent » pas. Au contraire, ils se sentent tirés par ces enfants avides. Impossible en effet de ne pas se sentir stimulés par ce bouillonnant besoin de savoir et de comprendre, de rester insensibles devant leur joie extrême, chaque fois que leur curiosité est satisfaite. Car tous partagent une intense capacité d'émerveillement.

À la longue malgré tout, les parents tirent la langue. Les « Pourquoi » s'enchaînent toute la journée, ainsi que les demandes d'activités, de découvertes, de livres. Les adultes sont contraints de beaucoup travailler pour être à la hauteur ! Il leur faut trouver des réponses adaptées ou, tout du moins, des pistes de réflexion, proposer des livres, des idées de sorties, tout ce qui alimentera ces petits cerveaux.

★ Une étonnante conscience du monde

Très tôt, le monde apparaît dans toute sa splendeur... mais aussi dans toute sa noirceur : les guerres, les faits divers et, plus particulièrement, les attentats, capables de survenir n'importe quand et n'importe où, les plongent dans l'effroi et la tristesse. « Mais alors ce monsieur-là, qui a l'air gentil, c'est peut-être un terroriste ? » a longtemps répété Pierre, 6 ans à l'époque, après les attentats, en janvier 2015, de *Charlie Hebdo*, à Paris, et du magasin hypercasher de Vincennes. Subitement, le principe d'incertitude venait de lui tomber dessus : à qui se fier, comment faire confiance, qui sait ce qui peut nous arriver ?

D'une manière générale, les questions existentielles occupent une grande place dans la tête de ces enfants. Le début et la fin, le fini et l'infini – tout ce qu'ils explorent à travers leur passion pour la préhistoire et l'espace – les angoissent d'autant plus que les réponses sont la plupart du temps incertaines. « Est-ce qu'un jour, la Terre va devenir comme Mars ? » ; « Quand on a des rides, est-ce que ça veut dire qu'on va bientôt mourir ? » ; « Est-ce qu'être mort, c'est comme dormir toujours ? » ; « Il y avait quoi avant le Big Bang ? » reviennent régulièrement dans leurs interrogations sous d'infinies variantes.

★ La question spécifique de la mort

Dans ce contexte général d'interrogations métaphysiques, l'angoissante perspective de la mort – donc avant tout de la séparation – tient évidemment une place centrale. Selon le pédopsychiatre Olivier Revol (chef du service de psychopathologie de l'enfant au CHU de Lyon), les enfants HP comprennent dès l'âge de 3 ans que la mort est définitive, alors que cette prise de conscience intervient normalement vers 7 ans.

Cette découverte, très fragilisante pour l'enfant, n'est pas toujours aisée à décoder par les parents, car elle se traduit souvent par une peur plus générale de l'inconnu. Elle se fait parfois plus explicite et, dans ce cas, plonge les parents dans la crainte d'une véritable dépression infantile. Après la mort du chien de sa grand-mère, avec qui il jouait beaucoup, Pierre-Louis a pleuré tous les soirs pendant des mois : « Comment je vais faire pour vivre sans lui ? » répétait-il à sa mère démunie. Ethan, élevé par une maman solo, a eu une période très difficile, vers 4 ans, quand il a compris que sa mère pouvait mourir « Qui va s'occuper de moi si tu meurs ? Est-ce que j'irai à l'orphelinat ? »

Le comble de l'inquiétude parentale apparaît lorsque cette angoisse de mort se manifeste avec violence, telle une pulsion suicidaire ou meurtrière. Exemples : « Un jour, je me planterai un couteau dans le cœur » ; « Untel m'embête trop à l'école. Je voudrais le tuer. J'irai en prison s'il meurt ? » C'est très déstabilisant mais, en réalité, il s'agit moins de pensées suicidaires que d'une recherche éperdue de sens et de limites. Car quel sens donner à la vie si elle s'arrête un jour ? Pourquoi certains actes sont-ils graves, puisque, comble de la gravité, on va tous finir par mourir un jour ? Pourquoi ne pourrait-on pas anticiper cette mort inéluctable, en (se) la donnant si on veut ? Et puis la mort, c'est quoi ? Du rien ? du sommeil ? du vide ? Ça dure tout le temps ? Et c'est quoi « tout le temps » ?

Le souvenir de Béatrice

Vers 4 ans, Paul était obsédé par la réalité physique de la mort et, tous les soirs, pendant un mois, j'ai été assaillie de questions : « Est-ce qu'on est couché sur le dos dans son cercueil ? Est-ce qu'on a les mains le long du corps ou sur le ventre ? Est-ce que les yeux sont ouverts ? Et la bouche ? Est-ce que les morts ont peur dans le noir ? Est-ce qu'ils ont froid sous la terre ? Est-ce qu'ils pourrissent ? »

Trois ans plus tard, Paul a développé une phobie du crash d'avion et, comme son père habite à l'étranger, j'ai dû suspendre les visites pendant deux ans. Une semaine avant le départ de notre dernier vol, il a sangloté tous les soirs. Et le jour J, il a pleuré dès le réveil puis, ponctuellement, jusqu'à ce que l'avion soit en vol stationnaire, en fin d'après-midi. « Je n'arrive pas à m'en empêcher, maman, sanglotait-il. Je sais bien que l'avion est le moyen de transport le plus sûr. Mais il suffit qu'un seul s'écrase et que ce soit le nôtre, pour qu'on soit tous morts. Comment tu peux être sûre qu'il va pas s'écraser ? » Les choses sont rentrées dans l'ordre depuis, mais l'angoisse de mort proprement dite n'a pas disparu. Elle revient régulièrement sous différentes formes.

Le souvenir de Sophie

À l'époque, Théo devait avoir 3 ou 4 ans. Alors qu'un soir, je le couche comme d'habitude et que je commence à lui raconter une histoire, je sens qu'il est ailleurs. Il me demande subitement :

– Quand j'aurai dix ans, t'auras quel âge ?

– 40 ans.

– Et quand j'aurai 20 ans ?

– 50…

– Et quand j'en aurai 50 ?

– Euh… 80.

– Et quand j'aurai 100 ans ?

– Eh bien, disons que…

Et là je lui souris :

– Tu te rends compte, on a tellement de temps à passer ensemble, avant que ça n'arrive !

Par la suite, j'ai regretté de ne pas lui avoir parlé plus de la mort. Mais je ne sais pas ce que j'aurais pu lui dire à ce moment-là. Une dizaine d'années plus tard, vers 13 ans, son grand-père est mort. Théo n'a pas vu le corps mais il nous a vus sortir complètement **défaits de cette confrontation***. Il pleurait et était en pleine détresse. Dans la voiture du retour, il a pris ma main et m'a demandé : « Quel âge tu as, au fait ? » Juste cette question. C'est tout Théo. Des questions précises, pas de pathos. Et cette obsession de la mort centrée sur les nombres.*

★ Une mémoire incroyable

La plupart du temps, ces enfants mémorisent tout. Comme involontairement. À la fin de la petite section, Simon savait nommer tous les enfants de l'école qu'il croisait dans la rue, ainsi que leur classe respective. Au même moment, sa passion pour le réseau de la RATP l'a amené à retenir les noms de toutes les lignes de métro et de RER, de toutes les stations. Élian, au contraire, ne connaissait aucun nom des élèves de sa classe, c'est tout juste s'il reconnaissait leurs visages. Ce qui l'intéressait et qu'il avait parfaitement mémorisé, c'était la frise chronologique affichée sur le mur de la classe, le système solaire, les dieux grecs et romains, les victoires de Napoléon... Nathalie se souvient d'une soirée chez des amis, quand Paul avait 3 ou 4 ans. En partant, elle et son mari constatent qu'ils ont oublié quelque chose chez leurs hôtes, mais impossible de se rappeler le code d'entrée de l'immeuble. Leur fils a proposé de le composer...

★ Des perceptions « extra-ordinaires »

Parfois bien avant ses 3 ans, le petit précoce perçoit plus de choses, plus précisément et plus fort, que la plupart des gens, adultes comme enfants. Dans un square, lorsque ses copains regardent les belles roses rouges que montre une maman, lui s'émerveille devant une toile d'araignée finement fixée sur laquelle des perles d'eau dessinent comme un collier plastron. Là où les autres voient un pigeon voler, lui pointe la Lune déjà levée en plein jour.

En vacances chez une tante, le Paul de Béatrice n'a eu besoin que d'un seul trajet en voiture centre-ville-maison pour mémoriser la route, alors que sa mère n'y est pas parvenue en quatre jours. Il avait repéré un lampadaire tordu à un virage, une branche plus basse ailleurs et, pour finir, au dernier croisement, un mur écaillé. Autant de détails passés totalement inaperçus pour sa mère.

Ce qui vaut pour la vue vaut aussi pour l'ouïe : un moteur d'avion derrière le brouhaha de la rue, le léger ronflement d'un lave-linge dans les étages de l'immeuble. De nombreux enfants précoces ont une ouïe plus fine. Un jour de pluie, le même Paul a trouvé très inhabituel le bruit de l'eau descendant la gouttière, le long de la fenêtre de la cuisine. Après vérification, la gouttière était fendue.

Plus vite dérangés que les autres par toutes ces sollicitations sensorielles, ces enfants sursautent pour un rien et il n'est pas rare de les voir crier ou se boucher les oreilles à la vue, même lointaine, d'un camion de pompiers promettant de débouler toutes sirènes hurlantes à côté d'eux. Les mêmes se sentent agressés par le brouhaha du centre commercial ou du métro, la sonnerie de l'école, les chants d'anniversaire...

Enfin, beaucoup évoquent aussi des perceptions qui laissent perplexe : une présence, des voix, l'ambiance d'un lieu, l'état d'une personne... On pourrait dire qu'ils ont une sorte d'aura qui va bien au-delà des cinq sens.

Mathilde, 5 ans, discute dans le jardin avec son grand-père récemment décédé. Nora, 7 ans, parle avec « les esprits de l'eau qui coule du robinet » et passe aussi beaucoup de temps avec une amie invisible.

Et puis il y a ces toutes petites choses qui passent parfois pour des caprices : l'enfant refuse d'entrer dans un lieu, de s'approcher d'une personne pour des raisons incompréhensibles qu'il ne peut lui-même expliquer.

★ Une émotivité surprenante

Tout est intense : la joie, la tristesse, la colère, la frustration. Des émotions en montagnes russes, sur fond d'inquiétude, voire d'angoisse, omniprésente. Le fils de Béatrice fondait en larmes quand le résultat de ce qu'il entreprenait (dessins, collages, lignes d'écriture, explications…) ne correspondait pas à ses espérances, et il devenait alors très difficile de le consoler. Les enseignants ont tous dit leur impuissance face à ce qui s'apparentait manifestement à une fin du monde. À l'inverse, un dessin animé pouvait – et peut encore – le faire bondir de sa chaise en riant, et toute réussite ou belle promenade signait – et signe toujours – le « plus beau jour » de sa vie.

★ Un développement inégal

Fulgurances d'un côté, mais lenteur, incompréhension ou maladresses de l'autre. C'est tout le paradoxe de l'enfant HP, souvent incapable d'enfiler ses chaussettes ou un pull, d'accrocher son blouson au porte-manteau ou au dossier d'une chaise, de faire ses lacets – une difficulté encore observée à l'adolescence. Il faut aider ces enfants – le plus souvent les garçons – à s'habiller, préparer leurs affaires sur le lit, leur rappeler de ne pas oublier leur slip, de prendre tel anorak et pas telle veste parce qu'il fait froid, ou chaud. Il arrive aussi qu'on leur essuie les fesses jusqu'à 8-9 ans…

• Compétences intellectuelles…

Pour évoquer ces brillantes et soudaines saillies, plusieurs psys utilisent la métaphore de la Ferrari, une voiture de course capable d'atteindre les 300 km/h en un éclair, très à l'aise à plein régime, mais inadaptée aux petites routes de campagne. En clair, les fulgurances apparaissent face à des problématiques complexes. Dans les situations plus basiques en revanche, la Ferrari de l'enfant HP se transforme en 2 CV.

Un mois après sa rentrée en moyenne section, Léo savait déchiffrer les mots. Même chose pour Théo. Les deux lisaient l'heure et ont voulu une montre et un réveil.

• … et maladresses physiques

En revanche, aucun des deux ne coloriait sans déborder, ni ne découpait en suivant le trait (ah ces fichus ciseaux !), ni ne réalisait un graphisme simple aussi bien que les autres. Théo avait une écriture très laborieuse. Les deux enfants se repéraient difficilement dans la page, peinant à respecter la marge et les lignes. Plus tard, les parents apprendront que les précoces ont souvent des problèmes de « motricité fine », leur main n'étant pas aussi agile que leur cerveau.

Cette incapacité à « bien » faire des choses qu'ils jugent, par ailleurs, parfois ennuyeuses, frustre beaucoup les petits HP. Les jeux collectifs, comme le foulard ou les lancers de ballon, les confrontent à une maladresse physique doublée d'une « incompétence sociale » à laquelle ils n'étaient pas habitués : à quel moment se mettre à courir, déposer le foulard, à qui (bien) lancer, comment (bien) rattraper ? Le jeu du chat et de la souris était particulièrement mal vécu par les Paul de

Nathalie et de Béatrice, moins rapides et agiles que les autres. « On veut toujours m'attraper » se plaignaient-ils. Ils préféraient alors ne pas jouer, s'exclure.

Des compétences intellectuelles étonnantes, mais un comportement pas toujours adapté avec les autres, une difficulté à maîtriser leurs émotions, une gaucherie... Les mêmes Léo et Théo peinaient à marcher sur une poutre sans en tomber, par exemple. L'enseignant peut trouver ces élèves déroutants, incohérents. Il se demande si la consultation de psychologues, d'orthophonistes ou de psychomotriciens ne serait pas bienvenue. Si l'enfant concerné est le premier de la famille, les parents sortent souvent démunis de ces rencontres avec les professeurs. Ils ne savent pas quoi dire, faute de reconnaître celui qu'ils ont à la maison. L'enseignant, qui voit passer tant d'élèves depuis tant d'années, sait forcément de quoi il parle...

★ Des garçons « atypiques » plus visibles que les filles

Tout ce que nous venons d'écrire vaut pour les filles et pour les garçons. Il existe pourtant une différence : les petites précoces, à cet âge-là, passent plus souvent sous les écrans radars. Intègrent-elles très tôt l'idée qu'une fille doit être calme et appliquée, aimer les beaux dessins et les jolies couleurs, se montrer responsable et soucieuse des autres ?

Dans tous les cas, le besoin d'appartenance sociale, d'être « comme tout le monde » semble chez elles plus important. Elles ont plus de copines, sont plus sages. Elles intériorisent et s'adaptent davantage. Marion est directement entrée à l'école en moyenne section. Très dégourdie, elle a toujours voulu tout faire toute seule. Un week-end, elle s'est exercée sans relâche dans la cour de la maison et, le lundi matin, elle savait faire du vélo sans petites roues. Elle signait ses dessins, reconnaissait les porte-manteaux des copains… Mais dès qu'elle se sentait repérée, elle masquait ce qu'elle savait. En grande section, elle avait l'air perdue dans les jours de la semaine, jusqu'à ce que la maîtresse la surprenne en train d'aider une camarade de classe.

Les filles émettent donc des signaux plus faibles. Quand elles arrivent en position d'aînée dans la famille, il n'est pas rare qu'elles soient détectées des années après les garçons. En revanche, si elles sont deuxième ou troisième de la fratrie, les parents les identifient plus tôt.

ON REMBOBINE LE FILM

Différents indices auraient pu attirer l'attention des parents quand leur enfant – a fortiori s'il s'agissait du premier – était tout bébé. Mais à l'époque, ils n'y prêtaient guère attention. Ce devait être son tempérament, son caractère…

L'arrivée de ce désormais « élève » dans cette microsociété qu'est l'école incite spontanément les parents à revenir en arrière, à remonter le fil jusqu'à la naissance. Au fond, n'y avait-il pas déjà certaines choses atypiques chez ce bébé, des bizarreries dans son comportement, des fulgurances sur le plan des apprentissages ? Pendant des mois, voire plusieurs années, tous vont chercher – et souvent trouver ! – des justifications psychologiques à ces étrangetés. Les mères surtout, toujours promptes à s'autoflageller, se reprocheront sans doute d'avoir été stressées, déprimées, insuffisamment présentes... Mais les parents sentent bien que ce n'est pas seulement ça. Il y a autre chose. Pour un temps encore, ils vont continuer de banaliser leurs interrogations et leurs inquiétudes : « C'est n'importe quoi, c'est moi qui me fais des idées. Il va très bien cet enfant ! » Une démarche d'autant plus « naturelle » que nous voulons tous, les uns et les autres, répondre à la norme, être comme les autres. Mais les doutes persistent...

★ Un regard perçant

Parents et proches se souviennent tous de bébés au regard scrutateur. Le petit précoce fixe ou suit des yeux avec intensité. Il tourne, retourne et re-retourne ses cubes, livres d'images et objets pendant de longues minutes. Il ne regarde pas, il sonde, scanne, donne l'impression d'analyser tout ce qu'il voit. Comme si, derrière ses yeux, on voyait le cerveau en ébullition !

★ Des sens encombrants

C'est sans doute ce dont les parents se souviennent le mieux : leur bébé a toujours été hyperréceptif et hyperréactif. Un bâton de pluie faisait hurler Antoine de peur, tout comme les orages. Marion ne supportait pas l'un de ses pyjamas. Sa mère l'a seulement compris quand elle avait 6 mois. En poussette, Vincent se bouchait le nez lorsqu'il se trouvait dans une fromagerie ou une poissonnerie. Et à l'instar d'autres petits

HP, il n'acceptait que les purées, les compotes et les soupes finement mixées, sans aucune aspérité. Son passage à la nourriture en morceaux s'est fait sur plusieurs années et, encore aujourd'hui, à 9 ans, il a du mal avec de nombreuses viandes trop sèches, trop filandreuses.

★ Une absence de demi-mesures

La demi-mesure n'est pas vraiment de mise chez les bébés précoces. De l'intensité, sinon rien ! Dès leur plus jeune âge, ce sont clairement des individus entiers, qui ne transigent pas et voient tout en blanc ou noir. C'est vrai de leurs états d'âme comme de leur fonctionnement. La différence s'établit au niveau de leurs polarités, plutôt fixes dans leur fonctionnement général, et en mouvement dans leurs états d'âme. Autrement dit, ils peuvent passer en un éclair de la joie débordante à la plus profonde tristesse, du calme plat à l'excitation, de l'intérêt ardent à l'indifférence totale, qu'ils réussissent le projet qu'ils avaient en tête ou pas. Mais ceux qui avancent plutôt avec une grande prudence dans la vie ne se lanceront pas subitement tête baissée dans des aventures périlleuses.

Le jeune Vincent, par exemple, ne se risquait que s'il était sûr de réussir. Sa devise aurait pu être : « Je sais pas, j'y vais pas ». Mais sitôt son premier pas effectué à 13 mois, il ne s'est plus jamais remis à quatre pattes, et courait quinze jours plus tard. Il n'a réellement parlé qu'à 2 ans, mais a formulé aussitôt des phrases. Enfin, à 5 ans, il a traversé une fois la piscine de l'hôtel sans brassards, nageant comme un petit chien, mais nageant.

Avec le vélo, il refusait catégoriquement d'enlever les petites roues jusqu'au jour où il a accepté. Ce jour-là, vers 5 ou 6 ans, il est parti d'un coup.

★ Des bébés éveillés, mais singuliers

Il est extrêmement difficile de comparer les capacités cognitives des bébés à haut potentiel avec celles des autres bébés, parce qu'il n'y a pas de profil-type. On imagine volontiers des mini-Einstein, sachant lire et compter jusqu'à 100 à 3 ans, mais la réalité est loin d'être aussi évidente.

Le fils de Nathalie était visiblement performant dans les activités intellectuelles. À 12 mois, au jeu des clés en plastique, il repérait très vite la bonne combinaison clé-serrure. À 18 mois, il identifiait les cartes-images correspondant à celles du plateau. Il adorait les puzzles et les fabriquait souvent à partir du centre. Sa mère ne comprenait pas sa logique, mais constatait qu'il les réalisait rapidement. Quant au fils de Béatrice, il n'aimait pas les puzzles, pas plus que Marie et Émilie, les filles de Nathalie, et tous les trois n'étaient pas très véloces.

À 5 ans en revanche, le Paul de Béatrice imaginait et écrivait des mini-contes inspirés des histoires qu'on lui lisait. Surtout, comme chez « l'autre » Paul, celui de Nathalie, sa logique échappait à l'entendement « normal ». Bébé, il avait une étrange manière d'empiler ses cubes. Il ne les entassait pas du plus gros au plus petit, mais du poisson bleu à la fleur rouge, en passant par le clown, le ballon... Autrement dit, il sélectionnait une série de faces et commençait sa tour. Si deux cubes présentaient des dessins identiques, il pouvait sans hésitation se tromper et poser le gros cube sur le petit, avant de rectifier.

★ Un vocabulaire élaboré

Émilie avait 18 mois quand elle a lancé à un homme, dans le TGV « On est en train de divorcer... », plongeant ainsi sa mère dans la stupeur et l'embarras puisqu'elle était, en effet, en pleine séparation. Tous les enfants HP ne parlent pas si tôt. Léo n'a quasiment rien dit avant 2 ans. Certains articulent d'emblée parfaitement, d'autres sont presque incompréhensibles, parfois pendant plusieurs années. En revanche, dès qu'ils se lancent dans la parole, tous construisent des phrases complexes de type sujet-verbe-complément, emploient le « je » et s'appuient sur un vocabulaire riche. Ils parlent « comme un livre », ce qui, en ce qui concerne le Paul de Béatrice, était rigoureusement exact, puisqu'il puisait son vocabulaire dans une bibliothèque lexicale nourrie des histoires de Tchoupi et de Petit Ours Brun qu'il connaissait par cœur ! Émilie s'exprimait, elle aussi, dans un langage châtié, interrogeant parfois sa mère du regard pour s'assurer de la pertinence de sa formulation. À 2 ans, elle avait ainsi félicité sa poupée d'un « Oh, tu es bien élégante aujourd'hui ! »

Des Parents en proie au désarroi

Il arrive toutefois un moment où la question de la précocité revient de tous côtés, confortant les uns dans les attitudes hors normes de leur enfant, inquiétant voire affolant les autres.

★ Écartons d'emblée ceux qui ne s'inquiètent pas

Bon nombre de parents ne consultent pas – ou éventuellement plus tard, si leur enfant traverse une violente crise à l'adolescence. Ces parents-là sont globalement de deux types : ceux pour qui l'intelligence hors normes de leur bambin va de soi, et ceux qui s'en enorgueillissent.

Si les premiers ne doutent pas des compétences de leur progéniture, c'est parce qu'être brillant, pour eux, relève de l'obligation familiale. Plutôt issus de milieux supérieurs, ils alimentent naturellement les besoins de leur enfant. Livres, musées, activités artistiques, tout s'inscrit dans une logique ludo-éducative savamment maîtrisée. Pendant des années, le petit précoce y trouvera son compte, tant sur le plan intellectuel que sensible.

Les parents du deuxième type peuvent également être du premier, ceux pour qui la précocité va de soi, mais pas nécessairement. En tout cas, ils sont très fiers des bons résultats de leur enfant et postent régulièrement leurs motifs de fierté sur les forums de discussion spécialisés.

★ Ceux dont les doutes s'amplifient

Ceux qui consultent, en revanche, le font parce que leurs doutes se font de plus en plus insistants. Déroutés, ils ne savent plus à quel saint se vouer. Quand ils remarquent une fulgurance, ils n'osent en faire état de peur d'être taxés d'arrogants – « Qu'est-ce qu'ils la ramènent ceux-là avec leur petit génie ! »

Cela se vérifie particulièrement avec les mamans, habituées à évoquer les prouesses de leur chérubin au bord du bac à sable, et à échanger avis et conseils. Lors de ces réunions de square, les mères des – encore non officiels – précoces constatent parfois que telle nouvelle acquisition n'en est plus une chez leur enfant depuis longtemps, tandis que telle autre se fait attendre. Elles observent aussi que leur bébé semble beaucoup plus sensible, angoissé, en proie à une multitude de questions, qu'il peut être plus gauche, solitaire et, éventuellement, sujet à des troubles du sommeil… Destabilisées, elles pensent à la « surdouance », mais les « plus » s'accompagnent de tellement de « moins » ! Elles essaient de dédramatiser, de se persuader que tout rentrera dans l'ordre d'ici quelques années ; après tout, chaque enfant est différent et grandit à son propre rythme…

L'injonction d'être une bonne mère est telle qu'elles espèrent de toutes leurs forces avoir un enfant « normal », preuve de leur normalité à elles. Car l'enfant est une vitrine. Il représente le savoir-faire parental. Un enfant comme les autres, c'est un parent qui fait bien les choses. Un enfant atypique, c'est un parent qui ne sait pas s'y prendre. Si l'enfant est angoissé, c'est que sa mère doit être dépressive, fragile, trop inquiète, trop exigeante, trop directive ou, au contraire, trop laxiste, incapable de s'imposer... En clair, c'est de sa faute. Souvent, les mères d'enfants HP se sentent au mieux incompétentes, au pire toxiques.

D'ailleurs, autour d'elles, chez les grands-parents par exemple, les critiques fusent : « Ce sont typiquement des enfants de bobos, des enfants-rois qui ont voix au chapitre pour tout, sur tout. Ils sont juste mal élevés... » Ou bien : « Les parents sont débordés, en permanence au bord de la crise de nerfs. Leur mère surtout, complètement hystérique... » Ou encore : « Leur mère surtout, complètement dépressive... »

Après des fêtes d'anniversaire, auxquelles les garçons HP sont souvent moins invités que leurs copains de classe (les filles sont, ici encore, davantage suradaptées), certains parents demandent du bout des lèvres aux « puissances invitantes » si « Tout s'est bien passé », tant ils redoutent les réponses du genre : « Chez vous non plus, il n'écoute rien ? », « Vous devez être épuisés, non ? », « Vous arrivez quand même à le canaliser parfois ? »

Maxime, petit précoce de 5 ans, griffait et mordait sous le coup de l'excitation. Hugo, lui, était tellement content d'être avec ses amis qu'il les serrait au point de les étouffer. Mais certains autres HP, en revanche, comme Thomas, détestent les cris, l'agitation et se mettent en retrait. Après les fêtes, les mamans de ces enfants-là ont plutôt droit à des « Il n'est pas très sociable, dites donc », « J'ai l'impression qu'il s'est ennuyé chez nous ».

Les parents commencent alors à raser les murs. Écartelées entre l'écoute de leur intuition – il y a un truc qui cloche –, la crainte de « se faire des idées », et le souci d'entretenir le déni, les mamans – davantage que les pères, ces « tiers séparateurs » qui tentent de minimiser la situation – se lancent alors dans la recherche éperdue d'informations : blogs, forums, sites institutionnels… Elles scannent le web à la recherche de tout ce qui pourrait faire pencher la balance dans un sens ou dans un autre (précoce / pas précoce). Malheureusement, sans grand succès…

Ils l'ont dit !

Claire, mère de deux garçons de 3 et 5 ans, et enceinte de 7 mois, accompagne, à une sortie scolaire, son fils aîné (pas encore diagnostiqué « très haut potentiel »), quand elle entend une autre maman dire : « Quand on n'est pas fichue d'en élever un, on n'en fait pas trois ! »

Du désarroi au diagnostic

À l'école, ou par son biais, on ne rencontre pas forcément qu'incompréhension et agacement. Il arrive heureusement que certains enseignants proposent une orientation vers un spécialiste – psychologue scolaire, orthophoniste, psychomotricien – qui pourra par la suite préconiser un diagnostic, voire un suivi. Parfois, d'autres parents d'élèves reconnaissent un de leurs enfants – généralement plus âgé et déjà diagnostiqué – dans celui que leur décrivent les mamans décontenancées, et suggèrent alors spontanément le psy qu'ils avaient eux-mêmes consulté.

Le souvenir de Nathalie

À la sortie de l'école, j'avais repéré les mamans d'enfants précoces : elles ne s'approchaient pas trop près de la grille, de peur de se faire héler par les enseignants, et elles évitaient les autres mamans ! Mes deux aînés avaient été détectés quelques années plus tôt, et je commençais à maîtriser le « sujet ». J'avais un réseau de professionnelles auprès desquelles je pouvais les orienter. C'est ainsi qu'on est devenues amies. Nous étions le « clan des mamans qui rasent les murs » !

Toujours est-il qu'à force de lectures, de tâtonnements et de rencontres, les parents prennent un jour la décision de faire tester leur petit extraterrestre. Ils ne se rendent généralement pas de bonne grâce chez le spécialiste. La plupart du temps, et jusque dans le cabinet du psy, ils continuent de culpabiliser sur le mode : « Un test, mais pourquoi faire au fond ? » ; « Est-ce que je veux vraiment enfermer mon gamin dans une "case" voire une "pathologie" ? » ; « Et qui en a le plus besoin de ce diagnostic ? Mon enfant qui n'a rien demandé ? Ou moi qui ne supporte plus cette incertitude, qui suis incapable d'accepter qu'il n'entre pas parfaitement dans la sacro-sainte norme ? »

Eh bien, les deux sans doute... Car un parent rassuré est un parent rassurant. Quant à l'enfant lui-même, il sent bien, confusément, qu'il est décalé par rapport à ses camarades. Alors une fois le diagnostic posé, il aura lui aussi accès à des explications qui le soulageront.

Témoin, Adrien, 5 ans : lors d'une consultation visant à lui expliquer où il se situait dans la courbe de Gauss du quotient intellectuel, c'est-à-dire après le pic de normalité *(voir schéma page 42)*, du côté de la surdouance : « Ah d'accord... Donc, quand on sait pas qu'on est à droite (surefficient), on croit qu'on est à gauche (déficient) ». Voilà donc un petit garçon précoce qui, ignorant les raisons de sa discordance avec les autres, en avait conclu qu'il était « moins bon » qu'eux, voire idiot, sentiment largement partagé par la population des HP.

★ Le diagnostic, c'est quoi ?

Aucun psychologue ou pédo-psychiatre ne peut conclure à une surdouance à l'issue d'un simple entretien avec l'enfant. Au mieux, il évoquera une suspicion de précocité. Le diagnostic est une mesure chiffrée du quotient intellectuel, qui s'appuie sur la passation de tests psychométriques internationaux standardisés, réévalués en moyenne tous les dix ans.

Il en existe plusieurs, notamment liés à l'âge de l'enfant, mais celui qui fait aujourd'hui référence auprès de l'Éducation nationale s'appelle le Wisc-V (5e édition du Wechsler intelligence scale for children). Destiné aux enfants en âge scolaire (6-16 ans), il pose l'intelligence médiane à 100 et considère le haut potentiel à partir de 130. Ce test est composé de sept épreuves obligatoires, appelées « subtests », et de huit facultatives qui peuvent aider le professionnel à affiner le profil cognitif de l'enfant. L'ensemble des épreuves obligatoires détermine une note de QI total qui n'est pas la somme de chaque épreuve, mais est pondérée par le psychologue.

Enfin, toutes ces épreuves peuvent encore être complétées par la passation de cinq indices complémentaires, éventuellement utiles si l'enfant présente ou semble présenter des troubles associés, comme un déficit d'attention, un trouble dys, etc. De l'avis des professionnels, cette nouvelle version du Wisc est bienvenue car, en prenant en compte les éventuels troubles associés susceptibles d'affecter les résultats, elle accorde moins d'importance au chiffre proprement dit de QI total (QIT).

Le test en bref !

Sommairement décrits, voici les cinq indices dans lesquels s'inscrivent les sept épreuves obligatoires et les huit facultatives :

- l'indice de compréhension verbale (IVC). Il mesure les performances verbales ;
- l'indice visuo-spatial (IVS). Nouveau, il calcule l'intelligence visuelle : comment l'enfant observe et analyse les objets, tels des cubes, pour en déduire ce qu'il doit faire ;
- l'indice de raisonnement fluide (IRF). Il note la logique : quelle solution l'enfant trouve à un problème ;
- l'indice de mémoire de travail (IMT). Il sanctionne la capacité à mémoriser des informations comme une suite de chiffres ;
- l'indice de vitesse de traitement (IVT). Il mesure la rapidité et la performance d'exécution. Comme il fait intervenir l'écriture, il est très sensible aux différentes aptitudes graphiques de l'enfant.

La courbe de Gauss de l'intelligence

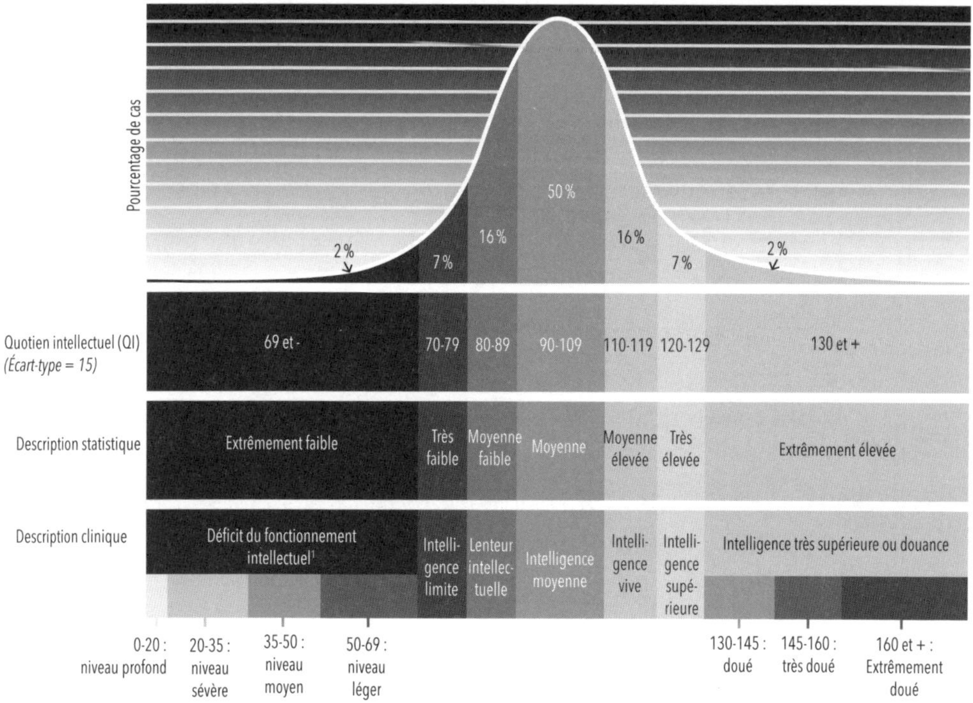

1. Une marge d'erreur de 5 points doit être considérée lorsque l'intervalle de confiance ne peut être calculé statistiquement.

Ces terminologies servent uniquement à des fins de communication des résultats et ne constituent pas un système diagnostique.

Source : Trousse de secours à l'interprétation du Wisc-V, version 1.3, par Josée Douaire, Ph.D. Psychologue, p. 81. (cliniqueslambert.com)

Notez-le !

• Refusez toutes les autres versions du test Wisc, elles sont désormais obsolètes.

• La passation du test doit normalement se faire en une seule fois car le psy n'évalue pas seulement les résultats de l'enfant, mais aussi son état pendant l'épreuve : stress, concentration, ennui, fatigabilité… Elle ne doit idéalement pas dépasser 1 h 30.

• Tous les psys ne sont pas habilités à faire passer des tests de QI. Ils doivent être psychologues cliniciens, psychologues scolaires, neuro-psychologues et formés à la passation des tests. Renseignez-vous auprès de votre médecin traitant, du psychologue scolaire, du CMP (centre médico-psychologique) de votre secteur, des associations de précoces.

• Les tarifs comprennent une séance avec les parents, une séance de passation des tests, une séance de restitution des résultats analysés par le spécialiste. Comptez plusieurs centaines d'euros pour l'ensemble si vous passez par un praticien privé, avec des sommes pouvant varier du simple au triple en fonction notamment de la notoriété de l'expert. Pour justifier leurs tarifs, certains professionnels font passer l'intégralité des épreuves, alors que toutes ne s'avèrent pas forcément nécessaires. Avant de prendre rendez-vous, demandez des précisions sur les tarifs et le déroulé des séances.

• Enfin, cela va de soi, mais mieux vaut peut-être le préciser : les tests de QI qui fleurissent sur la Toile sont au mieux des quiz ludiques, au pire des impostures ! Si vous souhaitez des informations plus précises sur les tests, préférez le blog d'Alexandra Reynaud, « Les tribuations d'un petit zèbre ».

★ Faut-il donner le résultat ?

Ce que l'on appelle le résultat, c'est un nombre, le QI total (QIT). Or ce nombre ne fournit pas une vérité absolue, notamment lorsqu'il est sur le seuil. Un enfant à 129 n'est pas forcément « normal plus », tandis que son copain à 130 serait précoce. Parfois, quand le QI est trop hétérogène, il n'est pas interprétable. Il est donc inutile de donner le QIT, qui n'aurait aucun sens. D'une manière générale, le QIT seul est difficilement analysable. L'idéal est donc de le remettre accompagné des nombres des différents indices.

Mais certains professionnels ne donnent rien du tout. Ils gardent le résultat pour eux, se contentant d'un : « Oui, votre enfant présente bien telle et telle caractéristique qui le situent plutôt dans la frange des enfants HP. En effet, etc. ». Pour notre part, nous aurions tendance à considérer que ces spécialistes nous prennent pour des imbéciles. Que derrière cette rétention d'information se cache une forme de mépris, celle que les parents seraient inaptes à gérer la révélation de ces résultats chiffrés, autrement qu'en y réduisant forcément et implacablement leur enfant. Cette posture d'expert incontournable, seul détenteur de l'intégralité des données – donc seul compétent pour une éventuelle prise en charge –, nous semble totalement contre-productive. Car les parents sortent du cabinet à peu près aussi démunis qu'en y entrant, et toujours incapables de savoir à quoi réellement s'en tenir, quoi dire à l'école et comment aider leur enfant.

Justin, diagnostiqué précoce quand il était enfant, n'a ainsi bénéficié d'aucun suivi pendant plusieurs années. Aujourd'hui adolescent, il ne sait quelle orientation scolaire prendre, se sent totalement inadapté, et ses résultats sont en chute libre. Sur son bilan psychométrique, aucun indice n'est renseigné. Il en ressort juste que ses capacités verbales sont supérieures à celles des enfants de son âge, mais que ses capacités perceptives sont dans la moyenne. Rien n'est mentionné sur la vitesse de traitement ni sur la mémoire de travail, mais un trouble de l'attention est pointé, sans plus d'informations non plus : quelles en sont les manifestations ? Génère-t-il un trouble de l'apprentissage ? Peut-il avoir influencé le QIT ?

Conclusion : en l'état, le bilan ne présente aucune utilité. Il se fait simplement l'écho des allégations de l'expert, sans établir la précocité de Justin. Nous aurions pu demander un nouveau test, mais l'urgence étant pour ce garçon d'y voir plus clair dans ses préoccupations du moment, nous avons choisi de prendre l'adolescent comme il était, et de préconiser un bilan d'orientation scolaire.

Vous l'avez compris, nous jugeons essentiel de donner le QIT quand il est clair, parce que le nombre ne « ment » pas. Il objective le diagnostic et permet de situer l'enfant sur la courbe de

Gauss du QI. Toutefois, le nombre seul, sans les résultats des différents indices et sans explications, est incompréhensible, donc n'est aidant pour personne.

★ Les réactions au diagnostic

• Certains parents sont soulagés

Tout s'éclaire, tout s'emboîte d'un coup. Ce que, par ignorance, ils prenaient pour des étrangetés apparaît désormais comme des évidences. Toutes ces années d'errance, d'inquiétudes, d'interrogations, ces séances d'orthophonie, de psychomotricité, de psychothérapie aussi parfois... Tout prend sens aujourd'hui et les voilà rassurés. Après tout, mieux vaut une précocité qu'un retard mental, comme l'avait si finement suggéré l'enseignante du fils de Nathalie, alors en moyenne section. Mais une fois le soulagement passé, il n'est pas rare que les parents sentent monter en eux colère et ressentiment. Florilège : « Quand je pense à tous ceux qui me prenaient pour une mère étouffante, angoissée, exigeante, dépressive, prétentieuse, ou laxiste. Heureusement que je n'ai rien lâché, que je ne les ai pas écoutés, que j'ai continué de me fier à ma petite voix intérieure. Je savais bien qu'il y avait un truc qui clochait. » Bien sûr, dans ces moments-là, ajouter un soupçon de culpabilité ne nuit pas : « Je suis horrible... Le nombre de fois où je l'ai grondé au lieu de le rassurer, où je lui ai dit que c'était quand même impensable de tenir si mal son crayon à 6 ans... » Puis les parents regardent leur enfant avec émotion : « Ouf, on sait maintenant. Ce ne sera pas tous les jours facile ni pour lui ni pour nous, mais en grandissant, il comprendra de mieux en mieux et, au moins, il a le potentiel pour s'en sortir. »

• Certains parents sont abattus

Parfois, la culpabilité est telle que le diagnostic assomme les parents : « Comment ne m'en suis-je pas rendu compte plus tôt ? Je n'ai rien fait comme il fallait, j'ai tout raté... » À ce genre d'auto-dénigrement, il faudra beaucoup répéter : « Vous avez fait de votre mieux avec les informations dont vous disposiez, l'enfant que vous avez, votre histoire et votre personnalité... Vous allez continuer, mais armé cette fois de connaissances, donc de confiance. » Les parents un peu K.-O. mettront un peu de temps à s'en convaincre. Ils devront d'abord digérer la nouvelle. Puis ils se diront : « Bon, c'est vrai, on a des réponses maintenant. Alors qu'est-ce qu'on en fait ? »

• Certains parents sont enchantés

Pas de problème d'acceptation du diagnostic cette fois. Au contraire ! Satisfaction et fierté se lisent sur le visage des parents qui vont maintenant pouvoir officiellement faire état du remarquable QI de leur enfant. Ces parents survalorisent l'intelligence et voilà que leur enfant est surdoué. C'est génial et cela explique tout. Mieux, même, cela excuse tout : à cause de sa surefficience mentale, l'enfant peut tout se permettre. Il a ainsi le droit de dévaloriser ses parents – qui l'acceptent puisqu'ils sont à coup sûr moins intelligents que lui –, ou de critiquer ses profs forcément nuls ! Mais, en retour, ces mêmes parents infligent à leur enfant une pression terrible. Nous retrouvons parfois ces enfants plus tard, en consultation, quand leurs comportements, ou leurs résultats, diffèrent de ceux attendus.

• Certains parents remettent le test en question

Les raisons sont multiples. Mais le point commun de ces parents est souvent d'avoir des enfants en difficulté scolaire. Ils ne croient ainsi pas du tout à la surdouance. Pour eux, les tests sont biaisés, les enfants surévalués. D'ailleurs, ils ne sont généralement pas à l'origine de la démarche diagnostique. Ils ont plutôt répondu à la pression du médecin, de l'orthophoniste, parfois de l'école, et ne retrouvent pas le profil de leur enfant dans le compte-rendu : « Quand on a des problèmes aujourd'hui, on est surdoué. C'est le truc à la mode. Mais dans son cas, ça n'a rien à voir. »

Une fois le diagnostic en poche, certains parents n'en font donc rien, surtout s'ils ont manqué d'explications au moment de la restitution du bilan. Ils finissent même par oublier cette donnée. Hélas, les problèmes scolaires, relationnels ou comportementaux, eux, ne se font pas si facilement oublier. Un beau jour, l'enfant arrive en consultation et se voit suggérer une orientation vers un bilan psychométrique. Réponse des parents : « Ah oui, il a déjà été testé, il y a des années, mais ça n'a rien changé. » La précocité ayant été ignorée, il va falloir tout reprendre de zéro.

Certains parents peuvent également remettre le test en cause parce que le diagnostic les bouscule trop. Ils craignent que leur enfant soit stigmatisé, alors qu'ils veulent à tout prix l'inscrire dans la « normalité ». Ils ont peur d'être considérés comme prétentieux. Beaucoup sont également inquiets de ne pas savoir quoi faire face à un enfant plus intelligent et débrouillard qu'eux : « Comment élever ce petit extraterrestre ? » ; « Peut-être n'aura-t-il pas besoin de nous ? » ; « Peut-être serons-nous très vite incompétents ? »

Plutôt que de prendre en compte les besoins spécifiques de leur enfant, ils préfèreront ne pas les entendre et, s'ils consultent, ce sera justement pour faire entrer leur enfant dans le moule. Évidemment, nous n'en ferons rien. Nous essaierons, au contraire, d'aider chacun à trouver sa place dans ce contexte.

★ Un diagnostic nécessaire à prendre avec recul

Le diagnostic n'est évidemment pas anodin. En plaçant de facto l'enfant parmi les 2,5 % de la population « surdouée », il est même assez déstabilisant. Certains parents, même s'ils ne tombent pas complètement des nues lorsque le diagnostic est posé, mettent quelque temps à « oublier » le test et à retrouver une communication spontanée avec l'enfant. En sortant du cabinet du psy et, deux ou trois jours durant, ils ont l'impression de parler à « Précocité » chaque fois qu'ils s'adressent à lui ! Pourtant, entre le moment où la précocité est officiellement établie et celui où elle était ignorée, l'enfant n'a pas changé.

Le diagnostic doit par conséquent être pris pour ce qu'il est : un outil qui fournit des informations non négligeables sur les aptitudes et difficultés cognitives d'un individu. S'il est correctement décrypté par un psy qui connaît son sujet, il offre une explication, une grille de lecture permettant de mieux comprendre l'enfant et de mieux accompagner son évolution.

En revanche, le test ne mesure ni la sensibilité, ni la créativité, ni l'ouverture d'esprit, ni le fonctionnement affectif de la personne, ni non plus sa personnalité, car sa construction psychique diffère selon son environnement, son histoire personnelle et ses traits de caractères. La preuve : Paul et Marie, les deux derniers de Nathalie, ont tous deux obtenu des résultats très similaires aux différents indices. Pourtant, leur caractère et leurs centres d'intérêt ne sauraient être plus différents. Marie aime bouger, sortir, faire la cuisine. Elle est assez extravertie. Paul est très réservé, plutôt casanier et il adore la philo. Petit, il avait peur de tout, sa sœur de rien.

Attention donc à ne pas confondre l'enfant avec sa précocité. Le risque serait sinon de l'enfermer dans une représentation qu'on a de l'intelligence – une obligation de performances par exemple – et de faire correspondre tous ses traits de caractère à des symptômes.

Chapitre 2

MON ENFANT EST «OFFICIELLEMENT» PRÉCOCE

C'est officiel : votre enfant a un QI supérieur ou égal à 130.

Il est doué, surdoué, précoce, EIP (enfant intellectuellement précoce), HP (haut potentiel), APIE (« Atypique personne dans l'intelligence et l'émotion », selon la dénomination choisie par l'ancien enseignant, aujourd'hui formateur et conférencier Jean-François Laurent), HQI (Haut quotient intellectuel), zèbre, albatros...

Cette large palette d'intitulés témoigne de la difficulté qu'ont les experts à nommer – et donc à « ranger » dans une case – ces enfants pas comme les autres. Nous aussi à vrai dire. Au point qu'aucune de ces dénominations ne nous convient vraiment. Histoire de compléter l'inventaire, et pour rester dans la métaphore animalière, nous emploierions volontiers le terme « guépard ». Voilà un animal plutôt solitaire, puissant, capable d'accélérations phénoménales, mais sur de courtes distances. Une description qui collerait assez bien à nos enfants...

Mais pour ne pas compliquer davantage les choses, nous avons choisi de piocher dans le vocabulaire existant. Nous utilisons ainsi assez couramment le terme « précoce », bien qu'il nous semble inadapté, car il résume la précocité à une simple avance. Comme si l'enfant précoce était appelé à devenir un adulte normal avant les autres ! Or ce n'est pas le cas : la « douance » définit avant tout un fonctionnement intellectuel différent et qui le restera. Ce n'est pas tant en « quantité » que cette intelligence diffère, mais en qualité.

Les précoces ne pensent pas comme les autres. Ils ont une intelligence hors normes, ce qui les fragilise parfois profondément – c'est le sujet de ce chapitre. Certains parents s'alarmeront sans doute, mais qu'ils se rassurent : bien accompagnés, les HP en difficulté – ceux qui consultent, et donc pas ceux qui vont bien ! – pourront aussi s'appuyer sur leurs capacités intellectuelles variées pour comprendre ce qui se passe en eux et autour d'eux, et en tirer des leçons. Mais ce sera l'objet de notre deuxième partie.

L'enfant à haut potentiel, un colosse aux pieds d'argile

Le fait que les petits HP aient souvent un QI total « hétérogène » indique à quel point ils sont vulnérables : excellents dans un domaine, normaux, voire moins bons que la moyenne dans d'autres. Leurs forces sont leurs faiblesses : elles les isolent et les sortent du groupe. Mais leurs faiblesses sont aussi leurs forces, ce qu'évidemment ils voient moins, d'autant qu'on leur renvoie régulièrement le côté négatif de la médaille.

On leur reproche, par exemple, leur impulsivité, mais c'est parce qu'ils comprennent plus vite. Par ailleurs, l'impulsivité peut également se manifester positivement, par une intense et immédiate capacité d'enthousiasme, d'émerveillement. Quant à l'enfant dit « agité », il est potentiellement celui qui excellera en sport, osera en affaires. À l'inverse, celui que l'on jugera « en retrait », sera celui dont on vantera le sens aigu de l'observation. À la fois puissants et fragiles, les petits précoces sont constamment en proie à l'insécurité, au déséquilibre, et donc à l'anxiété.

★ Une curiosité vive, mais restreinte

Quand une thématique intéresse le petit précoce, il se contente rarement des informations qu'on lui donne. Il va, au contraire, épuiser le sujet, lisant tous les ouvrages s'y rapportant, regardant toutes les vidéos, écumant le Net : astronomie, préhistoire, peinture impressionniste, Égypte antique, animaux marins, trains et réseaux ferrés...

À 8 ans, Théo se passionnait pour les atlas géographiques. Il connaissait à peu près tous les fleuves et rivières de France, leur trajet depuis leur source jusqu'à leur embouchure, leurs affluents et confluents... Il adorait dessiner la Loire, la Seine, ou le Rhône à main levée sur une feuille blanche, en indiquant par des points toutes les villes traversées. Au même âge, il représentait aussi le système solaire, en tentant de respecter les différences de taille des planètes et leur distance les unes par rapport aux autres. À 9 ans, Léo lisait *Le Seigneur des anneaux* de J.R.R Tolkien, et écrivait l'elfique.

D'une manière générale, les petits précoces se passionnent pour tout ce qu'ils peuvent découvrir et creuser seuls, pour autant que leurs familles soutiennent et nourrissent leur curiosité et qu'elles mettent quelques moyens à leur disposition : livres en propre ou à la bibliothèque, accès à Internet, visites et promenades... Sur ces sujets qui les captivent, les enfants HP sont intarissables et deviennent rapidement des experts. Mais à côté de ça, ils regarderont en boucle le même film – que vous, parents, allez potentiellement juger stupide –, sans aucune envie d'en connaître d'autres. Ils trouveront certains jeux, qu'adorent les autres enfants, incroyablement ennuyeux (se faire tomber par terre, collectionner les cartes Pokemon), des matières scolaires affreusement rébarbatives. Et quand quelque chose ne les intéresse pas – la liste est longue –, l'effort à fournir, pour participer malgré tout, s'avère au mieux considérable, au pire impossible.

★ Un raisonnement en arborescence souvent incompréhensible

La plupart des gens pensent de manière linéaire, en déroulant successivement des étapes : premièrement, deuxièmement, troisièmement. Les individus HP réfléchissent de manière multidirectionnelle, ce qui leur permet de recueillir et de traiter une masse importante d'informations en un temps record.

« Quand vous pensez à quelque chose, votre réflexion, nourrie de vos émotions, intuitions, souvenirs, sons, odeurs... se déploie dans plusieurs directions en même temps. Par analogie, une idée en amène une autre, qui renvoie à une couleur, un mot... Vous avez ce qu'on appelle une pensée en arborescence, qui éclate en une multitude de ramifications, comme un feu d'artifice »[1].

Évidemment, les enfants HP, comme les autres, ignorent la manière dont ils pensent. Pour eux, tout le monde pense comme eux, en établissant des liens ultra-rapides qu'eux-mêmes ne savent pas expliquer mais qui obéissent à une logique. Ils donnent l'impression de sauter du coq à l'âne et d'être complètement dispersés ; pourtant, ils fournissent un résultat correct, une réponse juste à un problème complexe sans parvenir à énoncer les étapes de leur raisonnement.

Les enseignants peinent à comprendre leur méthode et ne savent comment les évaluer. Ils trouvent le résultat « confus », « brouillon », « succinct », pensent parfois qu'ils ont triché. Dans les discussions de cour de récré, même incompréhension : les copains ne voient pas où ils veulent en venir. Se sentir incompris, alors que tout leur paraît si logique, peut angoisser les petits précoces, les isoler, les attrister et/ou les mettre en colère. « Ils le font exprès pour m'embêter, ou quoi ? Ou alors ils sont débiles ? »

Leur raisonnement est en réalité plus vif que leur pensée consciente et plus rapide encore que leur capacité à l'exprimer. Il n'est pas rare d'ailleurs qu'au moment du passage à la parole, un enfant HP bégaie. Le jour où le fils de Béatrice, à 2 ans, a commencé à piocher dans sa bibliothèque intérieure

1. *J'arrête de trop penser*, Béatrice Lorant (Leduc.S éditions, 2017).

de sujets, verbes, compléments pour former des phrases, il a bégayé toute la journée. Celui de Nathalie a, quant à lui, bégayé jusqu'à 10 ans, en l'absence de toute pathologie.

Le souvenir de Béatrice

Avant l'âge de 2 ans, Paul ne formulait pas de vraies phrases, sauf s'il se souvenait d'une réplique de livre qu'il pouvait replacer dans le contexte de l'échange. Par exemple, à la question : « C'est bon ? », il pouvait répondre « Hum, quel délice ! », réplique extraite d'un de ses albums illustrés. Mais le matin de ses 2 ans, il a articulé sa première phrase complexe sujet-verbe-complément, qu'hélas j'ai oubliée. Après cette phrase, il a vraiment bégayé toute la journée, comme s'il avait trop de mots dans sa tête pour l'entonnoir de sa gorge, et qu'un bouchon s'était formé en chemin. Le lendemain, le trafic était fluide, mais il a fallu une nouvelle matinée de cahots, le troisième jour, avant que les choses rentrent définitivement dans l'ordre.

Le souvenir de Paul, le fils de Nathalie

Avec le recul, je pense que si j'ai autant bégayé, c'est parce que je n'avais pas confiance en moi. Je me souviens très bien que je stressais beaucoup à l'idée que les autres ne me comprennent pas.

★ Une hyperesthésie fascinante mais douloureuse

Au quotidien, les enfants HP voient, sentent, entendent, ressentent tout plus finement et plus fort que les autres. Cette acuité particulière s'appelle « l'hyperesthésie ». En clair, leur seuil de réactivité aux sensations est plus bas que celui des autres. Ils sont ainsi plus intensément subjugués par la beauté, l'harmonie, la douceur, le délicieux d'une manière générale.

Le fils de Béatrice se ferait volontiers masser toute la journée, tant ce toucher bienveillant lui procure bien-être et apaisement. Cette aptitude à la félicité est fascinante. Mais elle peut être chassée en une seconde par une aptitude tout aussi intense au déplaisir et à l'angoisse. Car ces mêmes enfants sont aussi plus rapidement dérangés que les autres par un bruit, une lumière, un contact, une odeur. Au contraire de Paul, Lucas n'a jamais supporté les massages. Pour lui, toute forme de toucher était désagréable.

La conséquence de cette hyperesthésie, c'est que leurs sens surstimulés les transforment en « une sorte d'éponge à sensations et émotions, une parabole continuellement déployée »[2]. La piscine, le bowling, les grands magasins, tous ces espaces clos qui résonnent peuvent être sources de souffrance. Même chose pour les chaussettes qui grattent, les étiquettes des vêtements, le sable, les textures des aliments. À 10 ans, Lucas supporte toujours difficilement qu'on lui coupe les ongles des pieds, spécialement du gros orteil. Petit, c'était un drame. Il vivait ce moment comme une torture.

2. *J'arrête de trop penser*, Béatrice Lorant (Leduc.S éditions, 2017).

★ Une hypersensibilité précieuse mais envahissante

Hyperesthésie et hypersensibilité sont évidemment liées. Quand on sent plus fort, on ressent plus fort ou plus finement. Chez Amélie, jeune adulte aujourd'hui, cette empathie est particulièrement forte. Au point qu'elle sélectionne maintenant à côté de qui elle s'assoit dans le métro parce qu'elle ne veut plus être « contaminée » par l'état émotionnel négatif de ses voisins de banquette. Elle sait d'emblée qui est psychologiquement serein, « accordé » à son propre état, et qui, à l'inverse, est angoissé, stressé, potentiellement agressif. C'est comme une vibration parasite qui ne la lâche pas, tout au long de son trajet, et la perturbe.

Plus généralement, les enfants HP savent si leur mère est triste, leur père soucieux, leur enseignant énervé... Dès l'enfance, ils ont cette étonnante capacité de percer la « vérité » d'un individu – et s'empressent parfois de la cacher quand ils comprennent à quel point les gens détestent être démasqués. Directement en contact avec l'âme de l'autre, ils sont les enfants sentinelles dont parle le pédopsychiatre Olivier Revol, des enfants « poreux », immédiatement alertés, qui avancent sans masque, sans carapace. Tout du moins au début.

★ Des perceptions supra-sensorielles qui laissent perplexe

Le fait d'être perpétuellement confrontés à « une hyperperception du monde »[3] amène certains précoces à se sentir intimement liés à ce qui les entoure – hommes, nature, univers – comme s'ils vivaient en quasi-permanence dans un état élargi de conscience.

Dans la « vie normale », il arrive que les états modifiés soient recherchés et favorisés par différentes méthodes de psychothérapie, comme la relaxation, la méditation, les techniques de transe inspirées du chamanisme, la respiration holotropique, l'hypnose, l'EMDR... L'idée est d'accroître les sensations de la personne, de faire, en quelque sorte, se rencontrer son conscient et son inconscient afin que certains de ses souvenirs enfouis remontent, qu'elle se connecte à sa nature profonde, qu'elle se sente plus en harmonie avec son environnement.

Mais il s'agit d'une démarche volontaire, ritualisée, encadrée. On entre dans un état modifié de conscience si on y a été initié. Et puis on en sort. Quand on suit une séance d'hypnose, on est accompagné par un professionnel à partir d'un protocole très strict et contenant. Puis on observe des « paliers de décompression » avant de réintégrer le « monde profane ». Les précoces n'ont été initiés à rien, ils ne contrôlent rien. Ils sont juste hyperconnectés à tout, tout le temps.

Petite, Julie avait ainsi la sensation de communiquer avec les animaux, d'éprouver ce qu'ils ressentent. Et de fait, les oiseaux

3. *J'arrête de trop penser*, Béatrice Lorant (Leduc.S éditions, 2017).

venaient se poser sur ses doigts, au grand étonnement de sa mère. Un jour, une maman paniquée a amené Noé, 9 ans, en consultation. Elle ne voulait pas le conduire chez un psychiatre. L'enfant entendait des voix, voyait des choses bouger qui n'existaient pas, avait le sentiment d'être en présence de personnes invisibles. Pour autant, son discours était cohérent, pas délirant du tout, et le garçon était bien ancré dans la réalité. Une autre maman est également venue avec sa fille, qui jouait dans un monde invisible avec un ami imaginaire tout à fait réel pour elle.

Vu de l'extérieur, on pourrait penser à une schizophrénie ou, éventuellement, quand l'enfant parle avec les animaux, un compagnon invisible, ou avec son grand-père mort bien avant sa naissance, à une imagination débordante. Mais chez les enfants que nous évoquons ici, aucun signe psychotique n'est observé. La question n'est alors pas tant de savoir si l'enfant communique avec des fantômes ou une construction de son esprit, que de l'encourager à sortir de l'angoisse que cela peut générer chez lui tout en respectant ses perceptions. En consultation, Noé a appris à traiter ses perceptions comme de vraies personnes, en leur posant des limites. En trois ou quatre séances, il avait réussi à cohabiter avec ses voix, sans se laisser envahir.

★ Un développement intellectuel en avance sur la gestion des émotions

Tous les parents d'enfants HP entendront, un jour ou l'autre, que leur fils ou leur fille est immature. C'est généralement à l'école, spécialement si un saut de classe est envisagé, que tombe ce « diagnostic » en forme de sentence : cet enfant si brillant se comporte parfois comme un bébé, et son attitude ne correspond pas à ce que l'on attend de lui.

Dans l'inconscient collectif, en effet, intelligence et maturité se confondent. Un individu intelligent est censé être réfléchi, calme, maître de ses émotions. Par contraste, l'enfant HP hypersensible et émotif apparaît donc très immature. Mais c'est oublier qu'avant d'être intellectuellement performant, il est d'abord un enfant qui a besoin d'être consolé, rassuré, cajolé… Il en a même d'autant plus besoin que le trop-plein d'informations qu'il reçoit l'insécurise. Il nous arrive nous-mêmes de l'être face à la réalité du monde. Alors imaginez ce que la compréhension des conséquences des attentats, ou du réchauffement climatique sur l'humanité, peut provoquer chez un petit HP de 5 ans, en classe de CP : beaucoup d'angoisse, qu'il cherchera à compenser en adoptant un comportement affectif un peu régressif et potentiellement durable. Timotée, 10 ans, a quatre doudous (principaux). Alexandre, 13 ans, suce son pouce. Émilie, 34 ans, prend son petit déjeuner devant des dessins animés. Selon le concept élaboré par le psychologue Jean-Charles Terrassier, ce décalage entre agilité intellectuelle et besoin de réassurance affective s'appelle la « dyssynchronie ». Au quotidien, il laisse les adultes perplexes et ouvre la porte aux moqueries des camarades.

★ Une exigence de savoir qui ne souffre pas l'erreur

Dans la logique du petit précoce, si une personne répond à ses questions – qu'elles portent sur différents points de culture générale ou sur les goûts et les couleurs d'Untel –, c'est qu'elle sait. Au pire sinon, elle peut toujours renvoyer ce « Je ne sais pas » si agaçant ! Dans ces conditions, la réponse fausse, autrement dit l'erreur, n'existe pas. On sait ou on ne sait pas. On ne peut pas mal savoir – gare d'ailleurs à celui qui fournit une réponse approximative –, c'est absurde. Donc effrayant. Car si les supposés sachants – au premier rang desquels les parents, l'enseignant – se trompent, cela signifie que l'incertitude règne en maître autour de nous. Qui croire du coup ? Comment savoir qui dit vrai et qui avance n'importe quoi ? Et si TOUT était faux ? Inconcevable !

Il ne reste donc plus qu'une seule explication : le mensonge. Celui qui fournit une réponse fausse le fait sciemment. Ce n'est évidemment pas la conclusion la plus séduisante car à l'incompréhension d'un tel comportement s'ajoute alors l'indignation. Comment osent-ils ? Ne sont-ils pas « grands » ? Ne doivent-ils pas montrer l'exemple ? Angoissante elle aussi, cette hypothèse du mensonge présente, malgré tout, l'avantage d'être moins « irrationnelle » : on décide de mentir. De plus, elle est souvent motivée par l'attitude de certains adultes qui – croyant protéger les enfants – ne disent « pas tout », et par là « cachent des choses ». Les petits HP comprennent hélas parfaitement que l'information est bancale, et ils perçoivent cinq sur cinq le malaise des adultes qui « ne disent pas la vérité ». Angoisse, là encore.

Fort de ce constat, il pourrait sembler évident que l'enfant HP, lui, ne ment jamais ! La plupart du temps en effet, il indique qu'il ne sait pas – sauf s'il est surpris et qu'il bloque –, il est catégorique quand il sait, prévient lorsqu'il n'est pas sûr. Mais, étonnamment, il peut mentir. Par omission, pour s'inventer des histoires, ou encore pour qu'on le laisse tranquille, autrement dit, pour fuir le conflit, comme tout le monde : s'il ignore la réponse demandée à tel exercice par exemple, il pourra vite répondre n'importe quoi pour ne plus stresser et retrouver la paix. Parfois aussi, il ment par volonté de puissance : le fait d'être cru lui confirme qu'il a bien une longueur d'avance sur les autres. Plus tard, quand il aura découvert les failles des adultes – erreurs, fragilités, bêtises –, il pourra même mentir effrontément pour s'auto-convaincre de sa supériorité et manipuler... Lui montrer qu'on n'est pas dupe est indispensable.

★ Une joie d'afficher ses connaissances qui irrite

Les enfants HP ont un tel besoin de certitudes, que lorsqu'ils en tiennent une – après moult questionnements –, ils ne la lâchent plus. Ils la défendent avec passion, voire agressivité si le contradicteur insiste avec des arguments ne tenant pas la route, ou s'il ne comprend pas ce qu'on tente de lui expliquer. Capables de détester les élèves qui ralentissent la classe, ils ont cette manière cassante et définitive de recadrer les « ignorants », les « imbéciles » d'un « Mais enfin, c'est évident, quoi ! » qui, certes, exprime davantage leur impatience qu'un réel jugement de valeur, mais passe malgré tout assez mal !

Pressés, savants, anxieux, les jeunes HP ont tout pour se transformer en petits dictateurs, désireux d'imposer à leur entourage leur logique et leur vérité, alors que leurs camarades ont juste envie d'être des enfants, avec des comportements d'enfants, irrationnels voire « idiots ». Pire, les précoces peuvent adopter cette même attitude radicale face aux enseignants : totalement détachés si un sujet ne les intéresse pas, ou complètement impliqués, levant la main en permanence, n'hésitant pas à couper la parole (d'un élève ou de l'enseignant) pour affirmer ceci, préciser cela, corriger ailleurs, réclamer un approfondissement, si le domaine les mobilise. Certains professeurs peuvent se sentir évalués et mis en défaut. Même chose pour les camarades de classe. Cet extraterrestre, qui la ramène sans cesse sur des sujets rasoirs, devient vite un « fayot », un « taré ».

Pourtant, ces enfants ne sont pas intrinsèquement arrogants. Seulement, ils estiment ne pas avoir si souvent l'occasion de briller. La plupart du temps, au contraire, ils se sentent assez « nuls ». Alors lorsque l'opportunité se présente de montrer leurs compétences, ils en profitent. Mais, en réalité, tous les enfants « normaux » le font aussi. Tous se mesurent, se comparent, tous se sentent « plus » ou « moins » que les autres. Mais entre eux, les différences ne sont généralement pas si marquées. Les places de meilleurs s'échangent assez facilement, et les activités, dans lesquelles chacun peut « se refaire », sont plus nombreuses.

Le problème avec les HP, c'est qu'ils peuvent être vraiment gauches, ou à la traîne dans des domaines – jeux de groupes, orthographe, calculs « trop » simples – et quasi-irrattrapables en histoire, géographie, sciences, géométrie, etc. Or, comme beaucoup de gens, ils ont davantage conscience de leurs faiblesses que de leurs forces. Pour contrer leur position « moins », certains auront tendance à surjouer le « plus » (*voir « Les positions de vie » en analyse transactionnelle dans la « Boîte à outils », page 157*). C'est tout aussi vrai si leur conviction, péniblement acquise, se trouve intelligemment retoquée par des contre-arguments inattendus et pertinents. Leur raisonnement, qu'ils pensaient enfin solide, s'écroule comme un château de cartes. Pour éviter de retomber dans l'autodépréciation et l'angoisse, ils peuvent alors s'arc-bouter à leur théorie.

★ Un sens de la justice... absolu

Exigence de vérité et volonté d'avoir raison – même seul contre tous – conduisent volontiers de petits précoces à se transformer en procureurs. Il y a le bien et le mal, l'interdit et l'autorisé : tout cela est très structurant pour eux, parce que parfaitement cohérent.

Petits, pour peu que leur besoin de sécurité soit supérieur à leur envie d'expérimenter ou d'explorer le monde, ils respectent les règles. Léo n'a jamais mis ses doigts dans les prises électriques, ni ouvert une bouteille d'eau de Javel, ou vidé la trousse de maquillage de sa mère. Ainsi constitués, ces mêmes précoces comprennent mal, plus grands, que l'on ait envie de transgresser ces « lois », dont ils ont vite compris qu'elles garantissaient la paix et l'harmonie. Leur sens de la justice – qui englobe loyauté, honnêteté, sincérité – devient rapidement une valeur absolue.

Dans ce contexte, la punition générale, symbole d'injustice suprême et assimilable à un abus de pouvoir, les révolte : si un enseignant applique une sanction collective, c'est juste parce qu'il a le pouvoir de le faire et qu'il s'est révélé incapable d'empêcher le fauteur de troubles d'agir, puis de le recadrer ! Même incompréhension, frustration et indignation, si Untel est puni aujourd'hui, et pas Trucmuche deux jours plus tard, alors qu'un traitement identique semblait devoir s'imposer. Les mêmes causes doivent produire les mêmes effets, sans considération d'éventuelles circonstances atténuantes, porte ouverte à l'arbitraire. En application de ce strict principe d'équité, ces mêmes enfants feront donc prévaloir leur conception du droit dans la cour de récré, quitte à appliquer la fort discutable loi du Talion.

En maternelle, Théo, grand et costaud, frappait parfois violemment tous ceux qui s'en prenaient à plus faibles qu'eux. Chloé, 10 ans, joue elle aussi les justicières parce qu'elle ne comprend pas les disputes entre ses copines, les premiers jeux de pouvoir. Elle ne voit pas l'intérêt de surjouer la colère, le rejet, d'insulter « pour rire ». À quoi bon s'amuser à ne plus être copains quand on sait ce que l'on a en commun ? C'est injuste, donc absurde. Pourquoi se moquer quand on sait que c'est blessant ? C'est mal, donc absurde. Pourquoi s'allier avec un groupe que l'on n'aime pas pour embêter quelqu'un qu'on aime bien ? C'est mal donc absurde. Petits, ils trouvent ces comportements irréguliers complètement « débiles ». Ados, ils les trouvent faux. Ce serait tellement plus simple si tout le monde était comme eux : sincère, vrai, franc, loyal, amoureux du juste et du bon. Chacun irait spontanément vers ceux avec qui il partagerait le plus d'affinités et laisserait les autres tranquilles. La paix et l'harmonie règneraient ! Mais les enfants HP n'imaginent pas que leurs camarades ne savent pas spontanément vers qui aller, qu'ils ignorent ce qui les attire fortement, et ce qui les dérange puissamment. Ils ne comprennent pas que les autres enfants ont besoin pour se construire d'interpréter des personnages.

★ Une incompréhension du comportement des autres

Les petits HP ont décidément le sentiment d'évoluer dans un monde incompréhensible. Quand ils ont des centres d'intérêt communs (requins, préhistoire...) avec d'autres, ce n'est ni avec la même intensité ni avec la même ampleur. Par ailleurs, ce qui apparaît complexe aux autres leur semble très simple, et vice-versa. Enfin, leur souci de vérité et de précision les conduit à ne pas percevoir les implicites émaillant toutes nos communications. Ils s'attachent au sens littéral des phrases et des mots. Malentendus et contresens sont donc fréquents.

Sur son blog « Les tribulations d'un petit zèbre », Alexandra Reynaud cite l'exemple de son fils, s'attelant à un exercice demandé par sa maîtresse de CE1 : « Écris en lettres les chiffres suivants : 354 ; 99 ; 702 ». L'enfant écrit : trois cent cinquante-cinq ; cent ; sept cent trois. Il avait noté, en lettres, les chiffres qui suivaient. De tels comportements décontenancent souvent les adultes : intelligents comme ils sont, comment est-ce possible ? Au point qu'on les taxe volontiers d'insolence (ce qui pourra arriver plus tard).

Cette même incompréhension ne vaut évidemment pas seulement pour les consignes scolaires ou domestiques. Elle frappe tous les échanges verbaux. À 6 ans, le fils de Béatrice avait répondu à un ami qui lui demandait :
- Alors, c'est comment l'école ?
- C'est un bâtiment avec deux étages.
Quand le malentendu s'inscrit dans une discussion avec un adulte, cela passe, mais si ce genre de réponse décalée

intervient dans une conversation entre enfants, c'est la poilade assurée et une meurtrissure supplémentaire pour l'enfant HP.

Toute forme d'humour moqueur, burlesque ou gentiment taquin, sera d'ailleurs considérée comme une humiliation. Les petits précoces ne comprennent pas le concept même de la moquerie gentille. Quelqu'en soit le degré, il s'agit toujours de « rire aux dépens de ». En revanche, si l'humour ne renvoie à rien de personnel, les petits HP n'en manquent pas. Jeux de mots, comique de situation, image incongrue, voilà ce qui les fait rire – quitte à ne pas percevoir la moquerie derrière, toujours en raison de cette compréhension littérale des choses. En CM1, Léo avait ainsi trouvé très drôle qu'un copain de sa classe dise d'un petit CP que ses dents pointues lui dessinaient une dentition de requin quand il souriait. Dans sa tête, Léo avait superposé les deux images, mâchoire de requin et tête de l'enfant, et cette association saugrenue l'avait beaucoup amusé. Quand sa thérapeute lui a fait remarquer que le garçon de CP n'avait pas forcément apprécié que les grands comparent ses dents à celles d'un requin, et que, peut-être, il n'oserait plus sourire, Léo en a été tellement désolé qu'il a fallu le consoler. D'ordinaire, cette incompréhension réciproque tourne plutôt au désavantage de l'enfant HP, se retrouvant, la plupart du temps, seul face à un groupe qui comprend les mêmes codes.

UN ENFANT QUI MET TRÈS TÔT EN PLACE DES MÉCANISMES DE DÉFENSE

Évoluer dans un monde « absurde », dans lequel il ne se reconnaît pas toujours et qui ne le reconnaît pas toujours non plus, suscite chez l'enfant HP angoisse et mésestime de soi. Mettre ses affects à distance relève pour lui de la survie, et pour se protéger, il va développer tout un arsenal défensif inconscient. En soi, les mécanismes ne sont pas mal adaptés. Tout le monde y a régulièrement recours pour canaliser ses ressentis et ses émotions. Mais comme l'enfant précoce est « hyper », les barrières peuvent parfois devenir des murs infranchissables.

★ Une rationalisation qui peut verser dans la pensée rigide

Tout ressentir sans tout comprendre a bien sûr de quoi affoler : c'est la porte ouverte au chaos émotionnel, à la folie. Pour endiguer cette émotivité débordante et inexpliquée, l'enfant HP s'évertue souvent à justifier logiquement les actions, attitudes et opinions qu'il observe ou qu'il exprime. En résumé, il rationnalise et cherche des certitudes rassurantes. Pourquoi ci et pourquoi ça n'ont d'autre objectif que d'obtenir enfin l'explication qui stoppera ce tumulte cérébral et lui permettra de classer le dossier.

Mais le risque, à trop vouloir contrer l'incertitude par la raison logique, c'est de se rigidifier, de considérer sa théorie comme une vérité absolue, en clair, de fermer son esprit jusqu'à préférer, éventuellement, une réponse fausse mais cohérente aux hypothèses et aux suppositions. Un comble, pour un haut potentiel ! Car penser, n'est-ce pas douter, comme le suggérait le philosophe Alain ?

★ Un contrôle de l'empathie jusqu'au verrouillage

L'enfant HP peut rigidifier encore plus son processus d'intellectualisation en se coupant de son empathie, trop ingérable. Ce mécanisme ne concerne pas l'ensemble des petits précoces. Nombreux sont, au contraire, ceux qui se débattent – au besoin en consultation – avec leur hyperempathie. Mais, ponctuellement, ou d'une manière plus générale, certains mettent leur hypersensibilité de côté. On trouve ces enfants durs, sans compassion, capables d'affirmer : « Il s'est fait mal ? Bien fait pour lui. Il n'avait qu'à faire attention. » Ou encore : « Au lieu de ralentir toute la classe, il ferait mieux de travailler. » Mais cette stratégie, qui inquiète parfois les parents (« Avons-nous mis au monde un psychopathe ? »), ne suffit pas à supprimer l'angoisse qui peut alors se manifester sous forme de cauchemars, énurésie, allergies, ongles rongés, tics et tocs.

★ Une autojustification qui peut virer à l'arrogance

À force de s'entendre répéter de se taire, ou « Je n'en sais rien, ça ne m'intéresse pas », « Arrête de dire n'importe quoi », « À

6 ans, on ne contredit pas les adultes, on n'affirme pas haut et fort qu'on sait, alors qu'on est trop petit pour savoir quoi que ce soit », etc., l'enfant HP finit par se sentir nié, renié.

Au départ, face à tant d'injustice, il se justifie en s'énervant : « Mais si, c'est ça ! J'ai raison ! Personne ne me croit jamais ! » Puis si ce genre d'affrontement devient trop fréquent, il va soit décrocher et s'effacer, soit répondre au mépris par le mépris, en affichant une posture hautaine, d'autant plus facile à adopter qu'il aura parallèlement cadenassé son empathie. Façonnée dans l'enfance, cette attitude de protection peut devenir une habitude relationnelle, un mode de communication. *(voir « Les positions de vie » en analyse transactionnelle, dans la « Boîte à outils », page 157)* La posture prend alors le pas sur l'individu lui-même. Conséquences possibles : la dévalorisation de l'autre pour se valoriser soi-même, la manipulation, voire la tyrannie. Eh oui ! Qui a dit que c'était génial d'avoir un enfant à haut potentiel ?

★ Une adaptation jusqu'à l'effacement de soi

En réaction à leur environnement, certains HP vont chercher à se suradapter, les filles, en particulier. L'objectif est clair : surtout ne pas se faire remarquer, se fondre dans la masse pour être bien vus des autres, devenir les plus « populaires ». Grâce à leurs puissantes antennes, les HP devinent les attentes des autres et les anticipent. Le risque, à la longue, c'est que ces enfants limitent leurs possibilités pour ne pas briller – ce que Jean-Charles Terrassier appelle « l'effet pygmalion négatif ». De plus, copier les goûts, les besoins et les compétences des autres, c'est s'éloigner de soi, au point, parfois, de se perdre complètement et de ne plus savoir qui on est. Plus tard, ces HP refoulés pourront se plaindre de ne pas être aimés pour ce qu'ils sont mais pour l'image qu'ils donnent.

Ils l'ont dit !

Sylvie annonce la précocité de sa fille, 9 ans, à la maîtresse : « Ah bon, elle est précoce ? Vu ses résultats, c'est pas flagrant en classe en tout cas... »

★ Une opposition jusqu'à la rébellion

À l'opposé de ce qui précède, certains HP se construisent « contre » ce monde incohérent. Le petit précoce a des attentes énormes vis-à-vis de ses parents et de l'école. Si l'adulte sachant ne sait pas tout, il ira le chercher, le provoquer, le pousser dans ses retranchements. Moins l'attitude et les réponses seront selon lui sensées, moins il se sentira cadré, et plus il s'opposera pour éprouver les limites. On dira de lui qu'il n'est jamais d'accord, qu'il fait de la provocation, de l'opposition systématique, que c'est un rebelle... Comme dans la « vraie vie », la révolte est l'une des ultimes voies de recours quand rien d'autre n'a marché !

★ Un décalage avec les autres qui peut conduire à l'isolement

Si un enfant HP passe du temps seul, c'est forcément, pense-t-on, qu'il est rejeté par ses pairs. Il l'est souvent en effet, et parfois violemment, mais pas uniquement. Il peut s'isoler volontairement, se couper des autres parce qu'il ne partage pas leurs centres d'intérêt, qu'il s'ennuie, ou encore que trop de stimulations l'agressent. Devant l'inquiétude de sa mère, Thomas, en CE1, avait ainsi lancé : « Mais Maman, je suis obligé d'avoir des copains ? » Preuve qu'interagir avec les autres suppose toujours un gros effort : s'intéresser, affronter le bruit et l'agitation, supporter les moqueries, voire le harcèlement. Le repli sur soi offre alors une pause confortable. Il permet de souffler, d'avoir la paix, de dérouler tranquillement ses pensées et de creuser ses passions. Le problème se pose quand le refuge solitaire devient un mode de fonctionnement et se transforme en tour d'ivoire, du haut de laquelle les « autres » apparaissent de plus en plus incompréhensibles et inaccessibles.

De la précocité à la pathologie

Parce que ses spécificités le rendent plus fragile, il est normal que l'enfant HP éprouve le besoin de se protéger. Encore une fois, certains se défendent et grandissent bien. Mais d'autres se mettent ponctuellement en état de vigilance extrême, et il faudra les aider à passer la crise. Quelques-uns, enfin, s'installent dans leur état d'alerte maximum. Chez eux, les symptômes se manifestent crescendo, jusqu'à se transformer en troubles pathologiques. L'enchaînement n'a rien d'inéluctable, mais ce sont ces manifestions excessives que nous présentons ici, à titre préventif, et qui interviennent plutôt au collège ou après.

★ L'alexithymie

Quand on a pris l'habitude de mettre ses émotions sous cloche, on finit par ne plus savoir ce que l'on ressent : on ne sait plus si on est triste, en colère ou inquiet. Cette confusion émotionnelle s'appelle l'« alexithymie », mot construit à partir du préfixe privatif « a » et des termes grecs *lexis* (parole) et *thymos* (humeur).

Une personne alexithymique est donc incapable d'identifier et d'exprimer ses émotions. Elle peut se sentir mal, avoir les mains moites, le cœur qui bat, mais elle ne fait pas le lien entre ses ressentis et ses émotions. Un mot, un geste vont suffire à provoquer un ressenti, mais elle ne saura pas quoi en penser. Alors rapidement, elle voudra éviter de parler « des choses qui fâchent », « de trucs douloureux », et s'empressera de les chasser, renforçant ainsi sa confusion.

★ La phobie scolaire

Certains HP se suradaptent par le haut : ils intègrent bien le système, mais poussés par un environnement familial et scolaire exigeants, ils sont priés de se maintenir au sommet. Ce système élitiste, voire rigide, peut leur convenir, pour un temps au moins. Leur cerveau tourne à plein régime, et, parallèlement, ils font souvent du sport, ce qui les défoule physiquement et abaisse régulièrement leur charge mentale. Ils peuvent également pratiquer un instrument de musique, ou une activité artistique, ce qui permet là encore de laisser leurs fonctions cérébrales au repos, tout en nourrissant leur fibre sensible. Certains HP suivent ainsi une trajectoire nominale jusqu'à la vie active (certains craqueront peut-être plus tard, à l'âge adulte).

D'autres, à un moment donné et à la stupeur générale, peuvent, au contraire, s'effondrer. Il suffit que leurs résultats fléchissent un peu pour que l'angoisse, jusque-là contenue, remonte à la surface. La pression pour se maintenir au top devient trop forte, le niveau d'excellence qui leur est imposé et qu'ils avaient internalisé, s'avère insupportable. Boule au ventre, insomnies, eczéma... : tout un cortège de manifestations psychosomatiques peuvent apparaître, et ce, parfois, jusqu'au burn out infantile, qui se traduit par une phobie scolaire, cette incapacité à se retrouver enfermé en groupe dans une salle, à parler en public, à faire ses contrôles.

Le cas de Carla, 11 ans, brillante élève de 6e

« J'ai envie de mourir à 65 % et de trouver une solution à 35 %. Personne ne m'entend, je suis folle, j'ai le cerveau qui n'arrête pas... Tout ça, c'est quand je suis au collège. J'ai peur des autres, des notes, des profs, du lieu, j'étouffe ! »

Carla a été déscolarisée, puis prise en charge par un centre de soins psychiatriques infanto-juvéniles.

Le cas de Laura, 15 ans, en classe de seconde

Débordée par ses perceptions, ses intuitions, ses ressentis, Laura a le sentiment de voir à l'intérieur des gens (camarades et professeurs notamment) et elle ne comprend pas la dissonance entre leur comportement et ce qu'elle perçoit d'eux. Elle se pense folle parce qu'elle n'a pas confiance dans ses perceptions. Tout l'atteint avec violence et son insuffisance en tout la dévaste. Des crises d'angoisse ont commencé à l'envahir au point qu'elle a dû quitter le lycée. Elle poursuit actuellement sa scolarité à distance.

★ La dépendance affective

À force de se saborder, de nier leurs propres goûts et talents pour se conformer aux désirs de leur entourage, certains HP – le plus souvent des filles, ici aussi – n'existent plus qu'à travers le regard de l'autre, seul apte à valider qui ils sont. Ils se mettent alors en position de « sauveur » (*voir « Le triangle dramatique », dans la « Boîte à outils », page 167*), avant de se transformer en « victime » quand leur aide est rejetée, quitte à tomber dans la victimisation qui est aussi une forme de manipulation.

★ Les conduites à risque

Comble de l'enfant HP suradapté finalement débordé, autrement dit qui ne parvient plus à faire face à une réalité qui lui échappe : toucher du doigt les ultimes limites. À quel moment cela fait-il vraiment peur, mal, cela met-il en colère ? Qu'est-ce qui est réellement impossible, insupportable ? Pour voir les conséquences – sur eux-mêmes et sur leurs proches –, ils vont se mettre en danger. Les filles, en particulier, peuvent tester le pouvoir de leur esprit sur leur corps et refuser de s'incarner, se contenter de nourrir leur âme et devenir anorexiques. D'autres HP se scarifient, prennent des substances dopantes, tombent dans l'addiction...

★ Les troubles associés les plus observés

« Est-ce que tu peux m'enlever ma dyspraxie ? », a demandé Gabin, 9 ans, lors de sa première consultation. Troubles dys, troubles de l'attention avec ou sans hyperactivité (TDA/H), trouble de l'opposition (TOP), trouble du spectre autistique (TSA), etc.

Parmi les jeunes HP qui consultent, une proportion non négligeable, mais difficilement quantifiable, présente des troubles associés, notamment dys.

Souvent, le haut potentiel a retardé, par un phénomène de compensation, le diagnostic de dys, tandis que le trouble dys a lui-même masqué le haut potentiel – c'est le trouble dys que l'on constate en premier quand la compensation ne suffit plus. La plupart du temps, les HP avec dys sont ainsi diagnostiqués dys d'abord (mais plus tard que s'ils n'étaient « que » dys), puis HP. Quand, enfin, leur précocité est reconnue et qu'ils sont pris en charge, ils présentent une estime de soi particulièrement défaillante. Leur programme de rééducation, déjà lourd (orthophonie, psychomotricité, ergothérapie, graphothérapie...), tient en effet rarement compte de la spécificité « trouble d'apprentissage-précocité ». Or l'association des deux inflige à l'enfant une véritable double peine, car la rapidité de sa pensée est tellement freinée par son trouble d'apprentissage que la frustration est démultipliée, la confiance en soi terriblement abîmée. En revanche, ces enfants acquièrent un sens de l'effort inestimable – bien que trop rarement remarqué.

Les mêmes difficultés de diagnostic sont observées du côté des enfants porteurs de troubles de l'attention avec ou sans hyperactivité (TDA/H). Combien d'entre eux sont également à haut potentiel ? « On ne le sait pas, reconnaît le Dr Olivier Revol, mais on le constate. De même qu'il y a davantage de dyslexiques chez les enfants à haut potentiel que dans la population en générale, il y a également plus de TDA/H. »

La raison de cette confusion : les manifestations du TDA/H (distraction notamment) sont très proches de celles de la précocité. Même chose pour le trouble de l'opposition (TOP), à la différence près qu'un enfant TDA n'est pas conscient de son trouble, tandis qu'un enfant très opposant sait parfaitement qu'il pousse à fond les limites. Ce qui n'enlève rien à la nécessité de sa prise en charge.

Dernier point enfin : on observe aussi une prévalence de précocité parmi les enfants présentant un trouble du spectre autistique (TSA) de type Asperger. Là encore, le parallèle est troublant : mêmes tendances au retrait social, mêmes maladresses relationnelles, mêmes centres d'intérêt restreints et obsessionnels, même mémoire encyclopédique... Il est parfois difficile de différencier un enfant intellectuellement précoce d'un enfant précoce Asperger. Le diagnostic est d'autant plus difficile à poser que ce TSA reste encore insuffisamment connu en France. Quoiqu'il en soit, les similitudes sont réelles, au point qu'elles nous interrogent sur l'éventualité d'un continuum entre les deux spectres, précocité et autisme.

★ L'adolescence et le risque de pathologisation

En raison de cette hyperémotivité et de cette hypersensibilité qu'ils tentent parfois de contenir par une hyperrationnalisation, certains enfants HP présentent une fragilité extrême à l'adolescence. Pour peu qu'ils ne soient pas reconnus ni accompagnés, ou qu'ils doivent faire face à de grosses difficultés personnelles, ils peuvent alors développer des troubles de la personnalité comme des troubles « borderline », nécessitant une prise en charge psychiatrique.

Comment accompagner l'enfant précoce (et ses parents !)

Dans cette deuxième partie, nous présentons les différents outils que nous utilisons nous-mêmes au quotidien. Piochés, pour la plupart, dans l'analyse transactionnelle et la thérapie transpersonnelle – deux disciplines issues de la psychologie humaniste qui considère le patient comme un acteur à part entière de sa thérapie –, ces outils nous semblent particulièrement adaptés à la psychologie de l'enfant précoce, qui a besoin de se sentir concerné et impliqué pour avancer. D'autres praticiens font sans doute autrement et certainement aussi bien, mais tel est notre parti pris dans cet ouvrage !

CHAPITRE 1

SOUTENIR LES PARENTS

APPORTER LES PREMIERS SECOURS

Pour les parents, prendre rendez-vous avec un thérapeute, c'est un échec, la preuve qu'ils n'y arrivent plus. Qu'ils sont nuls, incompétents, toxiques. En venant chez le psy, ils remettent ce qu'ils ont de plus cher aux « bons soins » d'un « meilleur » adulte qu'eux. Les uns pleurent, les autres expliquent calmement la situation, et certains, enfin, masquent leur malaise, ou leur honte, par de la colère.

Mais quel que soit le ton du récit, tous avouent leur impuissance : « Je n'en peux plus, je ne sais plus quoi faire ! » ; « Je ne comprends pas ces crises émotionnelles, je ne sais pas les gérer » ; « Mon enfant est malheureux, isolé, je ne vois pas comment l'aider ». Parfois, en effet, l'enfant présente des troubles réellement inquiétants : tics, tocs, troubles du sommeil, troubles d'opposition, une grande tristesse émaillée de paroles angoissantes (« Je voudrais mourir ! »). Aider l'enfant commence par réconforter les parents, dont les besoins doivent être entendus.

★ La nécessité d'être vus avec l'enfant

Spontanément, les parents n'ont pas tous conscience qu'expliquer leur démarche thérapeutique devant l'enfant leur fera du bien. Certains préfèreraient parler d'adulte à adulte avec le thérapeute. Ils se sentiraient plus libres, moins en représentation. D'ailleurs, au moment de la prise de contact téléphonique, quand il apparaît que des éléments ou événements de la vie familiale ne méritent pas d'être développés devant l'enfant, ils peuvent être reçus seuls en première consultation. Mais c'est exceptionnel. En règle générale, le premier rendez-vous réunit parents (ou l'un des deux) et enfant. C'est l'occasion pour chacun de s'exprimer et de s'écouter. On déroule le parcours de vie de la famille, ce qui l'a amenée à consulter. En écoutant ses parents évoquer leur souffrance, leur culpabilité, leur fatigue, leur colère, toutes ces émotions et tous ces doutes qui les traversent depuis sa naissance, l'enfant les découvre sous un jour nouveau : moins parents « normatifs » et plus parents « aimants ». C'est parfois pour lui une surprise et un premier soulagement. En retour, en voyant leur enfant se tortiller sur sa chaise, rester mutique ou, au contraire, couper sans cesse la parole, se lever, s'agiter, les parents constatent à quel point son mal-être est important.

★ Le besoin d'être écoutés et entendus

La plupart du temps, c'est le médecin généraliste, l'ostéopathe, un enseignant, ou un ami qui, en entendant les plaintes des parents, recommandent un thérapeute spécialisé dans les « hauts potentiels ». Parfois, ces mêmes interlocuteurs se contentent d'orienter, ou demandent aux parents s'ils ont déjà pensé à une précocité.

Mais que le haut potentiel ait déjà été détecté ou non, ce n'est pas toujours ce qui préoccupe les parents. Leur premier besoin, en consultant, c'est de pouvoir enfin vider leur sac sans être jugés : « L'autre jour, je lui ai mis une fessée. Je n'en suis pas fier, mais c'est parti tout seul. Je n'en pouvais vraiment plus. » Et de quoi n'en peuvent-ils plus ? À l'unanimité : des problèmes de comportement de leur enfant, qui plongent l'ensemble de la famille dans l'inquiétude et la mettent sous tension.

Les problèmes sont globalement toujours les mêmes. Soit l'enfant présente un état manifeste de souffrance : il est déprimé, fait des cauchemars, n'a pas de copains, veut mourir... Soit il est en phase soudaine de décrochage scolaire, en primaire ou au collège. Soit il provoque et agresse tout le monde en donnant l'impression de s'en moquer éperdument. Dans tous les cas, le quotidien familial est émaillé de crises de colère, de tristesse et/ou d'angoisse, parfois violentes, que les parents ne réussissent plus à gérer. Ils ont le sentiment de ne plus se reconnaître eux-mêmes, de perdre pied, de vivre au bord du gouffre en permanence. Leurs propres envies ou accès de violence les effraient.

Le rôle du thérapeute n'est pas de minimiser (« Une fessée n'est rien du tout »), ni de justifier, mais juste d'écouter (« Je comprends, c'est un signe d'impuissance et, quand on se sent démuni, poussé dans ses retranchements, ça part... »). Les parents n'ont besoin ni de complaisance ni de sermons.

★ Le besoin d'être rassurés

Dans cette relation parents/enfants en crise, le sentiment de culpabilité prend toute la place. L'une des premières urgences, c'est donc, après les avoir écoutés, de rassurer les parents en les invitant à mettre de côté leur culpabilité et à se délester de leur toute-puissance, ce sentiment que « Tout ça, c'est de ma faute. Par mon comportement, ma personnalité, je provoque le mal-être de mon enfant. C'est à moi qu'incombe la charge de réparer la situation. » Traduction : « J'ai le pouvoir de faire la pluie et le beau temps. » Or, comme les petits précoces sont des enfants douloureux, traversés d'angoisses existentielles violentes, les parents vont, au fil des années, se renforcer dans leur sentiment de culpabilité et, par conséquent dans leur toute-puissance. Une « pensée magique » qui laisse peu de place à l'enfant.

★ Le besoin de défusionner

« Je souffre de te voir souffrir (de me voir souffrir) et de te faire souffrir. » Quel bazar ! Quand le mal-être familial est général, il devient indistinct. Plus personne ne sait à qui appartient quelle émotion. On s'applique alors à identifier les ingrédients de ce « gloubi-boulga » émotionnel pour séparer ce qui relève de la précocité et de l'histoire familiale. On amène le parent à prendre conscience que l'enfant est une personne avec son caractère, ses ressources : il peut se débrouiller seul. Il est capable, par exemple, d'affronter son chagrin dans sa chambre.

★ Le besoin de « guidance parentale »

« Qu'attendez-vous de moi ? » demande tout thérapeute à chaque nouveau patient. La réponse des enfants tourne régulièrement autour d'un « Je sais pas, c'est maman qui veut... ». Mais il arrive que ceux déjà diagnostiqués souhaitent voir leur précocité « enlevée ». « Ça s'opère ? » nous a ainsi questionné Chloé, 10 ans. Plus ou moins confusément, de nombreux parents espèrent au fond la même chose : que leur enfant devienne conforme à ce qu'ils pensent être la norme, autrement dit qu'il soit calme, attentif, qu'il ait des copains, qu'il soit heureux de vivre et d'aller à l'école. D'autres se contentent d'un « Je voudrais qu'il gère mieux ses émotions ».

C'est donc le moment de poser les enjeux et les limites de la thérapie. Non, un enfant précoce ne va pas changer, devenir « normal », parce que, contrairement à ce que pensent parfois les parents, son haut potentiel est indissociable de ses troubles de comportement. Mais oui, il peut apprendre à mieux gérer ses émotions. Le travail du thérapeute est d'être à son service, de le prendre tel qu'il est avec sa problématique, de l'aider à comprendre ses particularités et à s'en faire des alliées. Le tout en proposant aux parents des pistes de réflexion en accord avec leurs valeurs familiales.

Aider les parents à être des parents

Une fois le diagnostic posé, les parents en oublient un temps l'essentiel : ils ont un enfant à la maison qui, avant d'être précoce, doit lui aussi, comme les autres, être éduqué et guidé vers l'autonomie. Défaits, ils veulent un mode d'emploi. Sans surprise, il n'y en a pas, et l'idée n'est pas non plus de les transformer en thérapeutes. Chacun son « métier » ! Malgré tout, quelques clés peuvent s'avérer utiles.

★ Définir le cadre

Nous sommes tous cernés par les cadres ! Celui de notre famille, de l'entreprise dans laquelle nous travaillons, de notre immeuble, de notre pays d'origine et/ou d'adoption... Nous intégrons les règles, sans trop savoir comment, par imprégnation. Comme tout autre animal social, l'enfant précoce doit lui aussi trouver sa place. Dans le cadre de sa famille d'abord, puis dans celui de l'école. Il découvre que ce qui fonctionne ici et ne marche pas là, parce que l'enseignant a son propre cadre, qui s'inscrit dans celui de l'établissement scolaire. Plus tard, au collège, il devra s'adapter à autant de cadres qu'il aura de professeurs.

C'est pour tout le monde pareil, mais pour l'enfant HP, cet apprentissage du cadre est particulièrement compliqué car il a besoin de comprendre pour accepter. Il peut ainsi donner le sentiment de ruer dans les brancards, de ne vouloir ni Dieu ni maître dès l'âge de 18 mois, d'être un anarchiste là aussi précoce... Rien n'est moins vrai.

• Un cadre structurant, bienveillant et hypercohérent

Le cérébralement virevoltant petit HP a véritablement besoin d'être encadré. Mais il lui faut un cadre structurant, bienveillant et hypercohérent, dans lequel il se sentira libre et protégé. En clair, il acceptera d'autant mieux la règle qu'elle sera préventive et non « bêtement » répressive. Pour les autres enfants, la cohérence ne dépassera généralement pas : « C'est ce que maman/papa a dit. » Un précoce ajoutera : « Pourquoi ? », ou « Ça sert à rien ».

Certes, aucun cadre éducatif n'a vocation à s'inscrire dans le marbre. Il va de soi qu'il « grandit » en même temps que l'enfant. Mais un précoce le remettra sans cesse en question. Dès qu'il sentira une brèche dans sa raison d'être, il en vérifiera la validité, la pertinence. Ses besoins de compréhension et de sens nécessitent des règles explicites. Cela vaut pour les permissions et les interdictions, comme pour les punitions et les félicitations. Dire régulièrement à sa fille qu'en faisant ceci ou cela, elle est décidément la plus gentille, la plus belle, la plus intelligente, est un mensonge. La petite fille en sera flattée, mais pas dupe. Elle sait bien qu'elle n'est pas « la plus » gentille. Le risque sera qu'elle développe un perfectionnisme exacerbé pour correspondre au modèle souhaité.

De même, infliger une punition sans rapport avec l'acte commis – priver l'enfant de tablette parce qu'il a menti – n'a aucun sens. Le petit HP ne fera pas le rapport entre le mensonge et la tablette (normal, il n'y en a pas), et ne tirera aucune leçon de ce qui s'est passé. Il en gardera simplement le souvenir d'une vive injustice car, à ses yeux, l'injustice est pire que le délit lui-même. Dans l'idéal, la punition devrait être une réparation qui bénéficierait à tous, y compris à l'enfant.

Notez-le !

Face au mensonge qui a déçu les parents, une punition cohérente et constructive pourrait être de faire faire à l'enfant un « travail d'intérêt familial ». Sinon, lui demander ce qu'il propose lui-même peut également être intéressant.

• La confrontation avec le cadre strict de l'école

L'école, censée faire vivre et travailler ensemble une foule d'individus très disparates qui n'ont pas choisi d'y passer leurs journées, relève pour certains HP de l'univers concentrationnaire. « Mais Maman, c'est pas une école, c'est une prison ! » s'est ainsi étranglé Thomas à son entrée en CE1, après avoir lu le règlement intérieur. N'y relevant que des interdits, il partait chaque matin avec la hantise de revenir le soir sanctionné.

Comme tous les précoces, Thomas doit comprendre chaque élément d'un tout pour que l'ensemble fasse sens. Si le tout n'est pas clair et évident, rien ne tient. Nous avons relu avec lui l'intégralité du règlement intérieur, en lui expliquant qu'il n'était pas dirigé contre lui, mais conçu pour prévenir tous les accidents possibles et protéger l'ensemble de la collectivité des éventuels agissements de quelques-uns ! Il a fallu illustrer chaque interdit d'exemples, afin que Thomas comprenne quels débordements la règle prévoyait de contenir, et ajouter des contre-exemples afin qu'il saisisse, en creux, ce que le non-interdit autorisait ! Un gros travail de mise en lumière des implicites, par définition non explicites et par conséquent sujets à moult interprétations (donc confusion) de la part des précoces.

La ronde des « Pourquoi », des « Ça sert à quoi » et des « Ça sert à rien »

Voilà le genre d'assauts que le cadre subira de manière répétée, et pourquoi il lui faut être solide, clair et cohérent ! Florilège :

« Pourquoi je dois me laver les dents ? » ; « Pourquoi le matin ET le soir ? Et le midi alors ? » ; « Pourquoi je dois ranger mes jouets puisqu'après je vais les ressortir ? » ; « Pourquoi je dois faire mon lit le matin puisque je vais le défaire le soir ? » ; « Pourquoi je dois me coucher puisque je ne suis pas fatigué ? » ; « Pourquoi pas ma sœur ? » ; « Pourquoi je dois me doucher et me mettre en pyjama avant le dîner et pas après (ou l'inverse) ? » ; « Pourquoi je ne peux pas regarder la tablette après 19 h, alors que mon copain, ma cousine ont le droit de le faire ? » ; « Puisque j'ai besoin de lait, pourquoi est-ce que je ne peux manger trois crèmes à la vanille tous les soirs ? » ; « Pourquoi je ne peux pas vous parler en langage familier alors que vous êtes ma famille ? »

Si vous préférez, nous pouvons remplacer les « Pourquoi » par la variante « Ça sert à rien de » ou « À quoi ça sert de ». C'est pareil.

« Ça sert à rien d'attendre que le feu soit rouge pour traverser puisqu'il n'y a pas de voiture » ; « Ça sert à quoi de répondre "ça va" à la question débile "ça va ?" si tout le monde se moque de la réponse ? » ; « Ça sert à rien d'apprendre des dates d'histoire puisque c'est du passé » ; « Ça sert à rien d'essayer de résoudre ce problème de maths puisqu'on ne le rencontrera jamais dans la vraie vie ». Et pour finir en apothéose : « À quoi ça sert de vivre puisque de toute façon on meurt à la fin ? »

★ Établir un contrat

Ce qui vaut pour l'école vaut pour la maison : à l'école, le cadre et son règlement intérieur sont déterminés par la direction en fonction du projet d'établissement. À la maison, le cadre et les règles sont définis par les parents à partir de leurs valeurs. Dans les deux cas, l'enfant devra s'y plier. Certaines règles s'appliqueront avec une relative souplesse, d'autres seront non négociables.

En consultation, l'idée est de s'appuyer sur ce cadre pour travailler avec l'enfant. Mais la plupart du temps, les parents n'ont posé aucune base parce qu'ils n'y ont jamais vraiment réfléchi. Comme beaucoup, ils ont avancé et, avec leur petit précoce, plutôt le nez dans le guidon. Il faudra donc commencer par aider parents et enfants à clarifier et définir un cadre, et le contrat qui en découlera.

Pour cela, on dessine un premier cercle dans lequel les parents inscriront leurs valeurs, leurs attentes, leurs exigences, et un second dans lequel les enfants écriront leurs besoins, leurs aspirations et leurs limites (*voir « Le cadre », dans la « Boîte à outils », page 136*). À l'intersection des deux cercles, on notera les contributions de chaque partie pour aboutir à un accord gagnant/gagnant (le contrat). Enfants et parents se sentiront ainsi entendus dans leurs demandes, et responsabilisés dans une mise en actes commune. Pas question de juger les principes éducatifs des parents, ni de leur proposer des règles. On les aide juste à élaborer les leurs.

Ce travail, initié en consultation, permet aux parents de prendre conscience des peurs, des limites et des difficultés de l'enfant : son incapacité à retenir une leçon, à sélectionner parmi ses vêtements ceux qu'il doit mettre le matin – ce qui peut donner un sentiment de lenteur –, ou encore sa peur de déplaire aux copains – qui peut expliquer son comportement opposant. Cette prise de conscience ne résout pas tout, mais elle permet de comprendre les rouages de chacun, d'identifier ce qui coince dans la relation, de mieux accepter les incompréhensions, les blocages et les immanquables ajustements.

Notez-le !

Expliquer oui, vous justifier, non ! Une fois les éléments rationnels et logiques posés, ne vous laissez pas embarquer. Vous pourrez expliquer une fois, deux à la rigueur, mais certainement pas tous les soirs pour quelle raison l'enfant doit se laver les dents !

Exercice : identifiez vos valeurs

Qu'est-ce qui, pour vous, est acceptable, négociable, inacceptable ? Dressez-en la liste et interrogez vos proches, pour voir. Vous constaterez certainement des différences auxquelles vous n'aviez pas pensé. Par exemple :

- Pour vous, faire ses devoirs allongé par terre, ou assis à la table de la cuisine, ne pose aucun problème. Pour d'autres, le travail s'effectue forcément dans la chambre, à son bureau.
- Les gros mots ne sont pas tolérés chez vous, alors que d'autres les acceptent.
- Certaines familles considèrent la lecture comme une preuve de fainéantise, d'autres comme un gage de culture.
- Pour les uns, on ne mange pas en dehors des repas, pour les autres, on peut picorer et ouvrir le frigo quand on veut. Prenons l'exemple d'Aline, 10 ans : elle mange peu et lentement.

Or chez elle, il faut manger vite et bien. Le repas génère régulièrement des conflits. Noé, 11 ans, a lui aussi un tout petit appétit et il n'aime pas grand-chose. Mais ça ne pose pas de difficulté à son père. Si Noé chipote ou ne mange pas, il mangera mieux la prochaine fois !

★ Donner des consignes claires

Une consigne n'est pas un ordre qui déclencherait illico chez l'enfant HP un réflexe de fermeture, mais plutôt une direction précise. « À telle heure, tu dois être habillé » n'est pas une consigne précise pour un enfant de 6-8 ans. « Habillé avec quoi ? » s'interrogera-t-il.

« Je voudrais que tu prépares ton cartable pour demain matin. » Cela signifie-t-il que l'enfant est libre de le préparer juste avant de se coucher ou même à la dernière minute ? Et que veut dire « préparer son cartable » ? Est-ce mettre ce que l'on veut dedans ? Un dernier exemple : « Je veux que tu sois prêt à partir à 8 h 15. » Mais qu'est-ce qu'« être prêt ? » Faut-il avoir la veste et le cartable sur le dos ? Et s'il reste seulement le cartable à prendre ? Ou les chaussures à enfiler ? D'une famille à une autre, il conviendra donc d'expliquer ce que l'on entend par « prêt ». Pour le cas d'Aline, on définira ce que « bien manger » signifie.

★ Donner des consignes cohérentes

La « direction » ne doit pas seulement être claire, il faut aussi qu'elle soit cohérente. L'enfant est censé être prêt à partir à telle heure, avec sa veste et son cartable sur le dos. Mais dix minutes avant l'ultimatum, le parent s'impatiente : « Bon, ça y est ? Tu es prêt ? » Incompréhensible. Le parent pense évidemment que l'enfant, à l'heure dite, sera en train de rêvasser, une chaussure à la main. Pourtant, il aurait été plus logique, dans ce cas, de lui demander d'être prêt dix minutes plus tôt.

Néanmoins, si le parent n'est pas toujours cohérent, c'est parce que notre culture nous incite à donner davantage de consignes négatives : « Je ne veux pas que tu... », « Ne fais pas ça... ». Cette attitude laisse l'enfant HP perplexe, démuni. Il a entendu ce qu'il ne doit pas dire ni faire, mais il ne comprend pas quels comportement ou réponse adopter. Mieux vaut donc tourner sa demande à la forme affirmative : « J'attends de toi que... », « J'aimerais dorénavant que... ».

ATTENTION !

Nous ne bannissons pas le non ! Simplement un « Je ne veux pas que... » n'en est pas un. C'est une opinion, un sentiment qui, ne fournissant aucune indication précise et cohérente sur ce qui est attendu, ouvre grand la porte aux « Pourquoi » et, en réponse, aux incessantes justifications (à proscrire !). Vous ne voulez pas quelque chose ? Dites « Stop ! C'est non, parce que c'est comme ça. »

★ Poser une juste autorité

Vaste programme car, là encore, chaque famille a sa propre conception de l'autorité, de la justesse et de la justice, lesquelles sont également influencées par l'époque et le pays dans lesquels nous vivons.

• Ni trop rigide ni trop souple

D'un côté, les parents craignent d'être débordés s'ils perdent le contrôle de leur nichée – et s'ils ont un ou des précoces à la maison, leur inquiétude est d'autant plus légitime. De l'autre, ils veulent être le « bon parent », celui que la société nous intime d'être, qui écoute et respecte la personne qu'est l'enfant.

Comment faire ? Si la vis est trop serrée, sans discussion possible, l'enfant sera au mieux tétanisé. Il filera droit mais risquera, à un moment donné, de traverser une crise identitaire violente. Ou, alors, il se rebellera contre ces consignes transformées en ordres, fera de l'opposition systématique à ce régime totalitaire qui lui impose un devoir d'obéissance – parce qu'il est un enfant –, et valide l'autorité de l'adulte (enseignant, parents) – parce qu'elle est naturelle, peu importe qu'elle soit cohérente ou juste. Dans ce système, seules les critiques font avancer et les émotions sont bannies.

À l'opposé de cette « pédagogie noire » dénoncée par la philosophe et psychologue Alice Miller et, heureusement, plus rare aujourd'hui, trop de compréhension, de dialogue et de négociation ne sont pas non plus souhaitables. Cette forme d'éducation part, certes, « d'une bonne intention », fondée sur la bienveillance. Mais à trop vouloir bien faire, on insécurise l'enfant – et a fortiori le petit HP – qui, privé de limites, de vrais « stop », confondra ses envies et ses besoins. Il aura du mal à gérer sa frustration et à compter sur les autres. Les parents, qui optent pour ce mode de fonctionnement, sont guidés par la crainte d'être rejetés, de ne pas être aimés. Ils veulent faire plaisir. Or, un parent est d'abord là pour veiller aux besoins de son enfant. Satisfaire ses envies est nécessaire, mais, de temps en temps seulement. Cela ne relève pas de son « devoir » parental.

• Accueillir sans toujours accepter

Pour penser l'autorité avec un enfant HP, nous gardons toujours à l'esprit la phrase du psychiatre Olivier Revol : « Ce sont avant tout des enfants ». Autrement dit, nous conseillons vivement de faire la part des choses !

La précocité explique peut-être un comportement, mais elle ne le cautionne pas forcément. Ce qui est considéré comme « naturel » dans le fonctionnement du petit HP n'en est pas pour autant « normal » dans la vie en société. Il n'est donc pas « normal » qu'il coupe la parole pour rectifier ou compléter. Il n'est pas « acceptable » qu'il refuse de faire un exercice scolaire parce que « c'est débile », qu'il se mette dans tous ses états, car il a absolument besoin du crayon marron que son frère est en train d'utiliser. Arrêter de le gronder parce qu'il vient d'être diagnostiqué (« Oui, mais il est précoce ») est délétère.

À l'inverse, lui demander sans cesse de se taire quand il cherche à intervenir n'est pas plus satisfaisant. On peut lui répondre : « Je sais que tu connais la réponse, mais je voudrais interroger ton frère / les autres » ; « Tout le monde a le droit de s'exprimer sur la question. Attends qu'Untel ait fini de parler avant de prendre la parole. »

• Respecter l'enfant et se respecter soi-même

L'enfant HP cherche sans arrêt à imposer son rythme, ses désirs, son fonctionnement, ses humeurs… On peut vite se sentir happé. À force d'être accaparé par la salve ininterrompue des « Pourquoi », l'attention est perpétuellement hachée au point, parfois, de ne plus pouvoir réfléchir, dérouler ses propres pensées ! Des pauses s'imposent. Exemple : « Je suis occupée, je veux que tu arrêtes de m'interrompre avec tes questions pour l'instant. Note celles qui te paraissent importantes si tu as peur de les oublier et reviens me voir plus tard. »

Respecter l'enfant, bien sûr, mais attention à s'écouter aussi, à ne pas se sacrifier. Marion, 5 ans, très dégourdie, voulait partir en colonie avec l'une de ses copines, de trois ans son aînée. Sa mère la trouvait trop jeune et craignait qu'elle ne soit pas prête. En réalité, c'est surtout elle qui ne l'était pas ! Elle a fini par répondre à sa fille : « C'est une bonne idée la colo, mais plus tard, parce que, moi, je ne suis pas prête à te laisser partir pour l'instant. J'ai besoin de temps pour me préparer. » La maman a ainsi posé son autorité tout en se respectant elle-même. Marion est partie l'année suivante, sans problèmes.

★ Accompagner la dyssynchronie

Quand un enfant est petit, les parents ont tendance à tout faire à sa place, ou à mieux savoir que lui. Avec un précoce, c'est plus compliqué. Non, il ne sait pas forcément faire ses lacets à 9 ans ni découper correctement sa viande ; oui, il déteste faire l'effort d'apprendre, car cela montre son incompétence et que ça l'effraie – donc tant mieux si quelqu'un peut le faire à sa place et répondre au plus vite à ses questions. Mais en même temps, il refuse qu'on l'aide à trouver des infos sur Rome, à dessiner sa licorne, à construire son circuit électrique et oui, il sait mieux que nous, à 6 ans, comment s'articule le système solaire...

Accueillir et accompagner cette dyssynchronie (*voir « Le cycle de l'autonomie » dans la « Boîte à outils », page 140*) ne vont pas de soi et nombre de parents la refusent. Il faut dire qu'il y a de quoi être décontenancé face à un enfant de 7 ans qui philosophe et tient la dragée haute aux adultes sur la construction des cathédrales, mais qui suce son pouce et ne sait pas s'essuyer les fesses. Résultat : des parents continuent de faire un tas de choses à la place de leur enfant, d'autres au contraire décrètent qu'il est grand, qu'il doit abandonner ses habitudes de bébé et se débrouiller tout seul. Dans les deux cas, le petit HP est insécurisé, bloqué dans son processus d'émancipation.

• Aller à son rythme

La dyssynchronie de l'enfant amène les parents à ne plus savoir ce qu'il est capable d'entendre ou non, de faire ou pas. Une seule règle selon nous : ne répondre qu'à la question posée, sans jamais développer. Certains parents sont tentés d'aller plus loin pour donner plus d'informations. Mais ces compléments amènent l'enfant à se poser de nouvelles questions, qui vont encore renforcer son angoisse. N'oubliez pas : il n'a que 6 ans (ou 8 ou 10) !

C'est la même chose en ce qui concerne ses comportements immatures : le petit HP en a besoin, et il est inutile de le pousser à grandir plus vite. Le mieux est de le suivre quand il est en « mode adulte », et de l'accueillir lorsqu'il repasse en « mode enfant ». Ce qui ne signifie pas qu'il faut le renforcer dans ses régressions et dans sa position d'adulte. La limite, pour nous, c'est le moment où les parents en ont assez et qu'ils veulent, eux aussi, renouer un peu avec leur propre rythme.

• Lui apprendre la patience et l'indulgence

En guise de réponse à l'une de ses multiples questions, peut-être est-ce le moment de lui suggérer de réfléchir par lui-même, d'échafauder des hypothèses : « D'après toi, qu'est-ce que ça pourrait être ? » Il veut une information précise que le parent n'a pas : « Où pourrais-tu la trouver d'après toi ? », ou bien « On peut cherche ensemble, si tu veux ? » Il voudrait fabriquer un tunnel pour son train : « Comment pourrais-tu faire ? »

L'idée est de lui faire prendre conscience que l'adulte ne peut pas tout, ne sait pas tout, qu'il peut même se tromper. C'est aussi lui apprendre à patienter, à surmonter sa frustration. Et enfin, c'est l'entraîner à essayer, oser, risquer.

★ Gérer les crises et les conflits

Les parents sont très démunis face aux crises d'angoisse, de colère et de tristesse. Nous n'avons pas de recette universelle à proposer, mais mieux vaut éviter d'entrer dans la séquence émotionnelle de l'enfant. Si on le fait, l'idéal est de revenir par la suite sur l'épisode, en s'expliquant : « Qu'est-ce qui nous est arrivé tout à l'heure ? Moi, je me suis énervé, parce que... Et toi ? »

La crise émotionnelle survient souvent de façon brutale, sans raison compréhensible pour le parent. Une demande a priori anodine « Il fait chaud, va mettre une robe » peut déclencher un cataclysme car, dans l'esprit de la petite précoce se passent mille choses qui se transforment en angoisse : « Quelle robe ? la bleue ? la rouge ? celle à fleurs ? Oui, mais si je mets ma robe à fleurs, mes chaussures n'iront plus avec... Alors je dois changer de chaussures... Mais j'avais envie de mettre ces chaussures-là... ». Et le tout en un quart de seconde. Subitement, les larmes montent, l'émotion déborde et les parents sont abasourdis. Ils vont généralement classer cette attitude dans la catégorie « caprices ».

Or, nous ne croyons nullement à ces tocades obstinées que l'enfant voudrait à tout prix imposer à ses parents pour asseoir son pouvoir. Plus tard sans doute, s'il constate que cela fonctionne ! Mais, jusqu'à 9-10 ans, nous pensons plutôt que le petit précoce est lui-même désarçonné par ses débordements émotionnels, parce que, chez lui, toute demande non claire est suivie d'une avalanche d'interrogations, est interprétable de multiples manières. En un rien de temps, le voilà téléporté dans l'espace infini des possibles...

Les conflits, eux, arrivent avec les « Pourquoi » pris pour de la contradiction, de l'insolence, de la rébellion. L'enfant HP veut comprendre ! Si on lui demande de faire quelque chose, il doit y avoir une bonne raison. La plupart du temps, c'est tout ce qu'il veut savoir, mais il arrive aussi que les parents n'en puissent plus de devoir tout expliquer et s'énervent. Les conflits ne sont pas nécessairement destructeurs. Ils permettent aussi de consolider le lien, de s'affirmer et de se positionner. Quand on ne dit rien, on ne résout rien. Pour nous, les conflits ne sont pas à éviter, ils sont à résoudre !

Le problème avec les altercations est qu'elles génèrent de la colère, ce qui, selon le référentiel parental, est plus ou moins toléré car associé à de l'insolence et de la violence. Or, la colère peut être une saine tentative d'affirmation de soi. Le deuxième problème est que la colère est contagieuse (comme le rire, mais en moins drôle !). Dans une situation de conflit, donc d'opposition, plus personne ne s'écoute, chacun passant en mode « agression protectrice ». Lorsque le conflit devient violent (portes, mots ou mains qui claquent) et qu'il n'y a pas de terrain d'entente, c'est la guerre, la lutte de pouvoir. C'est à qui écrasera l'autre. Pleurs, cris et toutes sortes d'émotions intenses s'ensuivent. Le vaincu ressent honte, ressentiment et, parfois, désir de revanche. C'est vrai de tous les conflits, à tous les niveaux. Mais dans les affrontements familiaux, s'il y a un vaincu, il n'y a jamais de vainqueur. Parce que dans la famille, il y a en principe trop d'amour pour se réjouir de la défaite de l'un de ses membres. Pour avancer vers un accord, mieux vaut éviter la case vainqueur/vaincu ! Gérer le conflit, c'est accorder ses violons pour parvenir ensemble à une résolution gagnant/gagnant.

• Les pièges à éviter

Face à la colère qui gagne chaque partie, mieux vaut, dans l'idéal, ne pas perdre patience. Dans l'idéal, parce que, évidemment, nous ne sommes pas des robots ! Mais, en tant qu'adultes, nous pouvons, au moins, éviter de surenchérir et de nous laisser déborder par nos propres émotions. La violence et la prise de pouvoir à tout prix seront à juste titre considérées comme de l'autoritarisme, de la négation, ou du mépris de ce que ressent l'enfant – ce dont le parent n'a pas forcément conscience.

Pour éviter le piège de la surenchère émotionnelle et du conflit généralisé, ou pour en sortir, nous nous sommes inspirées des « douze barrages de la communication » de Thomas Gordon, que nous avons revisités afin de les adapter aux enfants précoces. Nous en avons ajouté un et nous les avons renommés « Les pièges de la communication ». Pourquoi ? Parce qu'il vaut mieux ne pas tomber dedans d'abord, mais aussi parce que, comme tous les pièges, certains modes de communication délétères sont attirants : ils donnent au parent l'impression qu'il a fait preuve d'autorité et obtenu ce qu'il désirait. Or c'est une illusion. À très court terme, le parent se pense conforté. Sur le plus long terme, pourtant, pris au piège, il va durcir ses positions. Le risque est soit qu'il verse dans la pédagogie noire et n'applique plus que des principes rigides (donc toxiques), soit que, dans certains moments d'épuisement ou d'impuissance, ses mots dépassent sa pensée et se muent en horreurs.

Piège 1. Exiger : « Tais-toi et fais ce que je te demande ! »

Pour l'enfant HP, une décision sans appel est totalement dénuée de sens. Il se sentira soumis, inférieur et contraint. Il obéira sans doute, ou se rebellera sûrement. Dans tous les cas, son ressentiment sera supérieur à la compréhension de l'ordre donné.

→ **Notre conseil** : les ordres autoritaires doivent être réservés aux dépassements des limites, car l'enfant HP a une fâcheuse tendance à ergoter, négocier jusqu'à épuisement. Pour le reste, demander n'est pas exiger. Une demande gentiment formulée est d'autant mieux acceptée par notre intense petit précoce qu'il passe très vite d'une émotion à une autre et qu'il a besoin d'être valorisé (sans être manipulé !). Mieux vaut dire, à condition que la demande soit sincère : « Ça m'aiderait beaucoup que tu mettes la table ».

Piège 2. Ordonner : « Calme toi ! », « N'aie pas peur ! », « Concentre-toi ! »

Comme s'il suffisait de le vouloir pour se calmer, supprimer une émotion ou se concentrer ! L'enfant n'a pas le mode d'emploi. Il se sentira non seulement nié dans son émotion, mais également démuni, et par conséquent encore plus inquiet. Son agitation et son chaos en sortiront renforcés.

➔ **Notre conseil** : préférez « Qu'est-ce qui pourrait te rassurer ? » à « N'aie pas peur ! », ou « De quoi as-tu besoin pour te calmer ? » plutôt que « Calme-toi ! » Et faites des propositions : « Un câlin ? aller dans ta chambre ? faire un exercice de respiration ? » De cette manière, on ne nie pas l'émotion, on essaie de la vaincre (*voir « Le pense-bête émotionnel » dans la « Boîte à outils », page 151*). Même chose pour la concentration.

Piège 3. Menacer, effrayer : « Si tu ne travailles pas bien à l'école, tu finiras à la rue ! »

L'enfant HP est suffisamment anxieux, inutile d'en rajouter ! Tétanisé, il pourra éventuellement redoubler d'efforts, mais son angoisse s'accentuera. Il se rebellera pour juguler l'angoisse, ou pire, se coupera de ses émotions : les menaces n'auront ainsi plus le moindre effet visible sur lui.

➔ **Notre conseil** : n'hésitez pas à le prévenir, l'informer des conséquences d'un acte ou d'un non-acte, cela le responsabilisera et fera appel à son intelligence et à son bon sens. « Si tu fais comme cela, tu seras puni / tu risques de te faire mal. »

Piège 4. Moraliser, sermonner : « On ne reste pas au lit toute la journée. »

Il est important de ne pas transformer un souhait personnel en dogme ou en vérité absolue. L'enfant HP n'est pas dupe, il se sentira instrumentalisé et vous pouvez être sûr qu'un jour ou l'autre, il contrera l'injonction d'un « Si, plein de gens le font ! »

➜ **Notre conseil** : parler de soi est plus crédible. Dites plutôt : « Je n'aime pas que tu restes au lit toute la journée ». Ou, le cas échéant, avancez une règle sociale : « Ça, ça se fait ; ça non. Socialement, ça ne se fait pas. » Et, bien entendu, vous devrez répondre à « Pourquoi ? »

Piège 5. Conseiller : « Tu devrais faire comme ci et comme ça. »

Indiquer à l'enfant, même au conditionnel, ce qu'il devrait faire le prive de sa capacité d'agir, le dévalorise et le culpabilise, car cela sous-entend qu'il fait mal.

➜ **Notre conseil** : on peut éventuellement lui proposer des options – l'idéal étant de l'inviter à chercher par lui-même – et de ne le conseiller que si l'enfant le demande expressément. La plupart du temps, il a juste besoin d'être entendu, écouté.

Piège 6. Vouloir convaincre : « Tu ne pourras jamais retenir ta leçon d'histoire comme ça, en écoutant de la musique ! Il faut être concentré pour apprendre ! »

Vous pouvez toujours argumenter, surtout avec notre hyperpenseur, mais ne tentez pas de le persuader. Ce serait vécu comme une tentative de le changer, provoquant illico chez lui une réaction de défense épidermique, éventuellement assortie d'un lancer de missiles !

➔ **Notre conseil** : donnez juste votre point de vue, une explication, des informations. Et posez-lui la question de savoir s'il pense vraiment pouvoir se concentrer ainsi (les précoces répondront la plupart du temps « Oui » !). Puis laissez-le faire son chemin. Il vérifiera par lui-même s'il avait raison. Et vous aussi !

Piège 7. Blâmer, juger, condamner, généraliser : « Tu ne fais aucun effort ! Regarde un peu ce que tu as fait ! N'importe quel enfant de 2 ans y arriverait ! »

Ces phrases combinent le « tu » qui tue et la généralisation hâtive contenue dans « aucun », « n'importe quel » – à quoi on ajoutera « tout », « rien », « toujours », « jamais ». La condamnation est sans appel. Elle n'offre aucune possibilité de rattrapage. Très vite, l'enfant fera la même chose : « Mes parents ne voient jamais ce que je fais de bien, toujours ce que je fais de mal ».

➔ **Notre conseil** : la critique fait partie de l'apprentissage (*voir « Les signes de reconnaissance » dans la « Boîte à outils », page 164*), et il est indispensable d'apprendre à l'enfant à affronter ses erreurs et ses manquements. Mais veillez à distinguer l'action de la personne. « Là, tu as commis une erreur ou une bêtise », ou « Je ne suis pas d'accord avec ce que tu as fait » n'ont rien à voir avec « Tu es vraiment d'une maladresse impossible ! », ou « Comment peut-on être aussi bête ? »

Piège 8. Ridiculiser, donner des sobriquets : « Quelle bécassine ! », « Tu as un baobab dans la main ! », ou « Tu es vraiment un éléphant dans un magasin de porcelaine ! »

Ce piège constitue le corollaire du précédent. Ces comparaisons sont non seulement très humiliantes, mais elles sont aussi fausses. Dans l'esprit du tout jeune HP qui s'attache au sens littéral des mots, ces remarques risquent de semer une très grande confusion. Elles se retiennent comme des slogans négatifs et vont durablement le conditionner : il se visualisera en Bécassine chaque fois qu'il se trompera, en éléphant chaque fois qu'il fera tomber quelque chose.

➔ **Situation vécue (qui vaut conseil)** : la maîtresse de Marie, la fille de Nathalie, lui dit « Tu as un petit pois dans la tête ». Marie rentre de l'école, effondrée, s'imaginant avec un cerveau minuscule par rapport à celui de ses camarades de classe. Son institutrice, d'une grande bienveillance heureusement, s'est excusée auprès d'elle après avoir été informée de l'impact négatif de ses propos. Elle a pris le temps de revenir sur la situation et de lui exprimer le mécontentement à l'origine de son propos. Cet épisode a été très réparateur pour Marie.

Piège 9. Flatter, passer de la pommade : « Super ma chérie ! C'est toi la meilleure ! »

La flatterie est une forme de manipulation, et l'enfant précoce n'est pas dupe. Il sait parfaitement qu'il n'est pas le plus beau, ni le plus fort, ni le plus intelligent – et s'il ne le sait pas encore, il l'apprendra bientôt de façon douloureuse ! La flatterie n'améliore pas l'estime de soi, elle sème, au contraire, une grande confusion. Au final, lorsque vos compliments seront vraiment sincères, vous ne serez plus crédible à ses yeux.

➜ **Notre conseil** : pour être crédible, soyez vrai. Préférez « Bravo, bien joué, tu as réussi ! » à « Tu es le plus fort ! » Évitez de manière générale les superlatifs et les comparatifs, et restez réaliste. Quand l'enfant est en difficulté, rappelez-lui ses vraies ressources (qualités, talents) sur lesquelles il peut s'appuyer (curiosité, persévérance…).

Piège 10. Interpréter : « Tu es simplement jaloux de ta sœur ! »

Interprétations et suppositions sont inhérentes à l'être humain. Personne ne peut s'en empêcher. Il est cependant indispensable de préciser qu'il s'agit ici d'une hypothèse ou d'une interrogation plutôt que d'une vérité que l'on colle sur la pensée de l'enfant. De toute façon, le petit HP s'empressera de rejeter la remarque sans prendre la peine d'en analyser l'éventualité. Elle ne lui sera d'aucune utilité.

➜ **Notre conseil** : préférez « J'imagine que tu es triste, en colère, jaloux… » ou « Je me demande si…, ou peut-être que… » et laissez-lui prendre conscience de ce qu'il ressent et de ce que cela provoque sur lui comme sur son entourage. Il pourra par la suite cheminer tout seul.

Piège 11. Minimiser : « Ce n'est rien, ça passera. Ce n'est pas grave. »

Asséner à un enfant bouleversé que « Ce n'est rien », c'est nier ce qu'il ressent. Au lieu de l'aider à dépasser son état, cela le renforcera « Si, c'est grave ! » Tous les enfants ont besoin d'être entendus, reconnus, mais le petit HP plus que tout autre, car l'intensité de ce qu'il ressent n'est pas feinte. Si cette émotion passe quasi-inaperçue, elle risque de gonfler jusqu'à devenir parfaitement visible. Si l'enfant n'a pas l'espace – la permission – de l'exprimer, il la gardera à l'intérieur de lui. Nous savons bien, nous adultes, que cette émotion passera, mais lui l'ignore. Il se demande même comment elle pourrait bien passer vu la place qu'elle prend ! En réalité, elle passera d'autant mieux et plus vite que l'on accordera du crédit à ce « petit rien » énorme pour lui.

➜ **Notre conseil** : écouter simplement, en ponctuant de « Oui, je comprends, j'imagine que c'est difficile pour toi ». Mais parce que chez les précoces, tout prend des proportions démesurées, inutile d'en rajouter : pas de « Mon pauvre lapin, ça a dû être horrible ! » Ramenez, au contraire, l'enfant à davantage de réalité : « Est-ce que c'est très grave ? »

Piège 12. **Enquêter, questionner : « Mais pourquoi as-tu fait une chose pareille ? », ou « Et alors, qu'as-tu dit ensuite ? Et lui ? »**

Ce genre d'interrogatoire est stressant, culpabilisant. L'enfant le vivra comme une mise en cause. Il verra son parent tel un inquisiteur guettant le faux-pas. Il risque de se braquer et de se sentir encore plus mal.

➔ **Notre conseil** : encore une fois, écoutez, posez des questions – mais pas trop –, sans être intrusif ni surtout sans vous approprier le problème, l'émotion, la situation.

Piège 13. **Éluder, faire diversion, traiter à la légère : « Tu comprendras quand tu seras grand », « Dis-toi seulement que c'est pour ton bien », « Peu importe, tu me remercieras plus tard ».**

Les questions sans réponses sont insupportables. Dans le meilleur des cas, l'enfant reviendra à la charge. Dans le pire, comme d'habitude, il s'angoissera, ressassera, culpabilisera.

➔ **Notre conseil** : si la question vous met mal à l'aise (avec les précoces, on n'est jamais à l'abri !), n'hésitez pas à lui répondre : « Je ne m'attendais pas à cette question, laisse-moi un peu de temps pour y réfléchir. » Vous pouvez aussi lui faire préciser « Que veux-tu savoir exactement ? » et prendre le temps d'une réponse simple et directe.

Vous êtes tombés dans un certain nombre de ces pièges ? Ne vous flagellez pas, nous aussi ! Mais tout comme l'institutrice de Marie, il est toujours possible de s'excuser et de réparer. Il est essentiel pour l'enfant de constater que lorsque nous nous emportons, disons des bêtises, faisons des erreurs, et que nous les remarquons, nous pouvons nous excuser. Chez les précoces, cette attitude est d'autant plus éclairante qu'ils maîtrisent mal le droit à l'erreur. En réalité, c'est plutôt bien d'en faire, parfois ! Cela permet de dire « Ah ben oui, tu vois, je me suis trompé ». Face à un mauvais résultat, les Anglo-Saxons ont coutume de répondre : « Bravo, bien tenté ! » Reconnaître ses erreurs, c'est apprendre l'audace.

★ Poser les bonnes questions

CQQCOQP. Pour désamorcer une crise montante, éviter un conflit, construire un projet, l'idéal est de responsabiliser l'enfant et de faire appel à son bon sens en lui posant des questions ouvertes commençant par : Comment, Quoi, Qui, Combien, Où, Qu'est-ce que, Pourquoi.

Le moyen mnémotechnique de les retenir ? CQQCOQP :

• Qu'est-ce qui ce passe ? • Qu'est-ce qui te préoccupe le plus ? • Qu'est-ce que tu penses de l'attitude de cette personne, de tel comportement ? • Comment comprends-tu cela, cette difficulté ? • Comment imagines-tu la suite de ce problème/ situation • Qu'est-ce que tu ressens ? • Qu'est-ce qui te rend le plus triste ? En colère ? (quand l'émotion est identifiable) • Qu'est-ce qui te fait peur ? De quoi as-tu le plus peur (astuce pour vraiment l'amener à évoquer sa peur) ? • Qu'est-ce que tu envisages comme solution ? • Qu'est-ce que tu peux faire ?

• Qu'est-ce qui te manque ? • De quoi as-tu besoin ? • Comment puis-je t'aider ?

Attention toutefois : menée de manière inquisitoriale, cette forme de questionnement n'atteindrait pas son but, voire menacerait de le faire capoter.

QCM. À l'inverse, pour sortir d'un choix cornélien dans lequel se retrouve souvent coincé l'enfant précoce, ou pour éviter des discussions interminables, rien ne vaut les questions ou propositions fermées, de type questionnaire à choix multiples.

- « Tu préfères manger des haricots ou des épinards avec ton steak ? » (les frites n'étant pas une option !)
- « Va mettre une robe : la bleue ou la rouge ! »

L'enfant se sent respecté – il peut choisir –, sécurisé – il a une direction – , engagé – il fait ce qu'il a choisi.

★ Répondre à son angoisse de mort

Les petits HP, on l'a vu, comprennent très tôt l'inéluctabilité et l'irréversibilité de la mort. S'ouvre alors devant eux le gouffre du grand mystère, celui devant lequel nous sommes tous égaux. « Qu'y a-t-il après ? », « Est-ce qu'on revit ensuite ? » Que répondre à ces enfants pour apaiser leurs peurs ? Les parents qui ont la foi ont peut-être moins de difficulté. Mais les autres ? Quelle certitude ont-ils ? Dans ce contexte, il va de soi que nous n'apportons aucun remède « miracle » en consultation !

• S'appuyer sur ses croyances

En revanche, nous pouvons aider ces enfants à apprivoiser leurs angoisses en les interrogeant ouvertement, sans tabou : « Que signifie la mort pour toi ? », « Qu'est-ce qui te fait si peur ? », « Comment imagines-tu l'après ? » Et nous nous appuierons sur leurs croyances : s'ils imaginent une forme de vie après la mort, pourquoi serait-il illogique qu'ils discutent avec leur grand-mère décédée ? Si la croyance est effrayante, nous tenterons d'apporter une autre grille de lecture. L'objectif est qu'ils ne se sentent ni effrayés ni fous.

En consultation, une jeune adulte nous a raconté qu'une nuit, elle avait vu dans son salon son père récemment disparu. La pièce s'ouvrait en fondu enchaîné sur un monde parallèle extrêmement réel, et son père était là, en pleine conversation avec d'autres gens. « Pourquoi ne pas l'écouter, avons-nous suggéré. Peut-être a-t-il des choses à vous dire ? »

Et pourquoi pas après tout ? Nous n'avons rien qui invalide ses croyances ! L'essentiel pour nous est de montrer un possible chemin vers le réconfort.

• Revenir à l'instant présent

« Oui, la mort est inéluctable. La vie est un cadeau, un miracle. Que comptes-tu en faire ? Comment pourrais-tu profiter pleinement de cette vie qui t'est offerte ? » Cultiver la gratitude, insister sur ces petits rien qui apportent satisfaction et joie de vivre construisent lentement du positif, et permettent d'amener les enfants à voir le verre à moitié plein, plutôt qu'à moitié vide. C'est notamment utile quand, en pleine détresse, l'enfant dit qu'il voudrait mourir. En réalité, il affirme surtout à quel point cette vie est pour lui difficile. Il a peur du rejet, de la solitude. L'environnement est trop hostile, il ne comprend rien : « Comment je vais faire, comment je vais m'en sortir dans ce monde de brutes ? » Amenez-le à relativiser : « Je comprends que ce que t'a dit / fait Truc aujourd'hui t'a blessé. Mais ce n'est pas parce qu'il a été odieux avec toi, ou que maman t'a demandé d'arrêter de regarder ton DVD pour aller te doucher que la vie toute entière est pourrie ! » Au besoin, les petits livres de la collection des « Goûters philo » (éditions Milan) peuvent être d'un grand secours.

Pensez-y !

Si l'enfant se plaint d'une injustice, s'il est frustré, mécontent, écoutez-le, puis demandez-lui de vous raconter une jolie chose qu'il a vécu le même jour : un moment agréable, une satisfaction, une réussite (même toute petite !). L'idée est de chasser une idée noire par une idée blanche !

Quelle attitude adopter vis-à-vis de l'école?

D'une manière générale, les parents se demandent s'ils doivent ou non faire part du diagnostic à leur entourage. Toutes les questions qu'ils se posaient avant le test reviennent à ce moment-là : qui a le plus intérêt à rendre publique cette information ? Moi et mon ego mal placé ou mon enfant ? Qui a réellement besoin de connaître la situation ? Personne ? Certains adultes seulement, comme les grands-parents et les parents d'amis ? Tout le monde ? Si tout le monde sait qu'il est HP, mon enfant ne risque-t-il pas d'être enfermé dans cette case et cela ne pourrait-il pas se retourner contre lui ?

Il n'y a bien sûr aucune obligation d'informer qui que ce soit. Mais si la précocité n'a pas de raison de devenir un motif de rengorgement, elle ne doit pas non plus être taboue. Vis-à-vis des enseignants notamment, ces co-éducateurs de l'enfant, et de l'institution scolaire, son principal lieu de socialisation, la question mérite d'être sérieusement posée.

★ En parler ou pas à l'école ?

Si c'est l'enseignant lui-même qui a préconisé le test, on peut se douter qu'il est demandeur d'informations et de conseils sur la manière de gérer cet enfant hors normes. On le tient donc informé. À la demande des parents, le psychologue peut rédiger à son attention un compte-rendu spécifique.

Quand le test n'est pas réalisé à la demande de l'école, en parler est plus délicat. On ne connaît pas les présupposés de l'enseignant ni son degré d'information sur le sujet. Les parents imaginent que tous sont formés aux troubles d'apprentissage et autres caractéristiques spécifiques, comme le haut potentiel intellectuel. Il n'en est rien. Généralement, les enseignants plus avertis sont eux-mêmes parents d'enfants précoces, ou bien ils se sont informés par leurs propres moyens. Autant dire qu'ils sont plutôt minoritaires.

Notre position est d'évoquer la précocité si elle génère des difficultés ou des problèmes de comportement, en donnant toujours des informations neutres et étayées. Mais, attention, s'il est indispensable de ne pas laisser l'enseignant dans ses croyances « Un enfant brillant est exemplaire », il faudra aussi marcher sur des œufs : pas question de lui faire la leçon ni de lui apprendre son métier ! Expliquez-lui la précocité en vous référant à des sources précises (articles, livres). Précisez-lui que l'ennui et donc parfois l'agitation qui en découle ne sont pas liés à la qualité de son enseignement, mais au fonctionnement cognitif de l'enfant. Appuyez-vous au besoin sur le compte-rendu du psychologue.

★ Faut-il faire sauter une classe ?

Considérer que parce que précoce, l'enfant doit sauter une classe relève du mythe. Nous pensons qu'un enfant scolaire, qui réussit bien, aura tout intérêt à être maintenu dans ses compétences. C'est valorisant pour lui et cela lui permet de gagner en confiance. Pourquoi changer ça ? Cependant, le saut de classe doit parfois être envisagé quand :

L'enfant s'ennuie tellement qu'il décroche et n'est plus réceptif à l'apprentissage. C'est le moment le plus délicat pour demander un saut de classe et, pourtant, il peut s'avérer urgent de le faire. Thomas est passé du CM1 au CM2 à Noël. Jusque-là, il avait toujours été un bon élève. Mais au cours du premier trimestre, il a subitement décroché, multipliant les erreurs idiotes. Ses notes ont chuté et il s'est de plus en plus replié sur lui-même. « Qu'est-ce que je fais à l'école ? J'apprends rien ! » répétait-il. Par chance, son institutrice était informée de sa précocité, et le saut de classe avait été envisagé. Le passage anticipé en CM2 a été validé par la psychologue, et Thomas a été bien accompagné par son enseignante et son environnement familial. Les deux premières semaines ont été difficiles, mais il a su gérer et retrouver un rythme de travail. C'est exactement ce dont il avait besoin.

Parfois, pourtant, les enseignants sont réticents à l'idée de faire sauter une classe à l'enfant à cause de sa fameuse « immaturité ». En fait d'immaturité, on l'a vu, il s'agit davantage d'hypersensibilité. Or plus l'enfant s'ennuie, moins son cerveau a de grain à moudre et plus il mouline dans le vide, ce qui insécurise le petit HP et le rend encore plus sensible et émotif. Un cercle vicieux. Les adultes n'ont alors pas confiance dans ses ressources et sa capacité à rebondir lorsqu'il sera dans la classe supérieure. L'appui du psychologue, qui a testé l'enfant, peut être d'un grand soutien car l'école remet moins en question l'avis d'un professionnel avisé que d'un parent parfois suspecté de vanité ou d'ambition idéaliste...

Quand le saut de classe est accepté en juin pour la rentrée suivante, les parents ont tendance à vouloir préparer leur enfant en lui faisant réviser, pendant l'été, le programme de l'année qu'il ne fera pas, via un cahier de vacances, par exemple. Nous pensons que c'est une erreur car l'objectif est précisément de lancer un défi à l'enfant en le confrontant à plus de difficultés. Ce sera pour lui l'occasion de muscler son sens de l'effort et sa confiance en lui, quand il constatera qu'en s'accrochant un peu, il s'en sort bien.

Par ailleurs, si l'enseignant, en charge de l'enfant à la rentrée, n'a pas participé aux réunions pédagogiques ayant statué sur son cas, nous vous recommandons de prendre rendez-vous avec lui dès le début de l'année et de lui expliquer, avec tact et diplomatie, ce qui a amené l'équipe à prendre cette décision.

★ Faut-il choisir une école ou une classe spécialisée ?

C'est un fantasme d'imaginer que les précoces ne sont bien qu'entre eux, même si, dans certains cas, le passage par une classe, ou un établissement spécialisé, s'avère bénéfique. Il arrive que des enfants se sentent à ce point décalés qu'ils traversent tout ou partie de leurs années de primaire en solitaires. Ils ne parviennent pas à se faire d'amis, vivent des épisodes de harcèlement, ont des difficultés avec le système scolaire qui réclame organisation et méthode… Bref, lorsque la souffrance est trop grande, se retrouver parmi ses pairs peut être salvateur, voire providentiel. En effet, l'enfant HP apprécie particulièrement l'amitié exclusive, l'ami intime avec lequel il refait le monde, philosophe et partage des centres d'intérêt jugés barbants et incompréhensibles par les autres. Dans ces classes, il est comme un Alien qui aurait retrouvé sa planète !

Pour la première fois, le voilà entouré de multiples extraterrestres comme lui !

Ces classes « enfants intellectuellement précoces » (EIP) sont proposées par quelques écoles primaires en France et certains collèges, souvent privés sous contrat ou hors contrat, et dispensent un enseignement moins académique, moins centré sur la restitution de savoirs que sur la recherche et l'imagination. Parfois aussi, des établissements mettent en place des classes mixtes pour élèves précoces et bons élèves non précoces, en proposant un accueil et des cours spécifiques.

Toutes ces initiatives ont le mérite d'exister. Mais scolariser l'enfant HP dans un parcours particulier ne doit pas, selon nous, être systématique. Nous pensons préférable de le laisser grandir dans un environnement normal, car la société dans laquelle il évoluera plus tard ne sera pas faite que de précoces !

Le souvenir de Nathalie

Paul garde de ses années de primaire un souvenir cauchemardesque. La classe EIP d'un collège privé l'a sauvé d'une dépression latente et c'est dans cet environnement particulier qu'il a appris à se faire des copains. À 20 ans aujourd'hui, il est entouré d'amis de tous horizons et sa vie sociale, sans être intense, est tout à fait épanouissante. Par facilité, Marie a suivi le même parcours et ça a été une erreur. Contrairement à son frère, elle voulait avant tout être « normale ». En intégrant cette classe spécialisée, elle a eu le sentiment de basculer du côté des « gogols » ou des « intellos ». Elle a très mal vécu ce statut malgré le fait qu'elle y était entourée de très bons amis. Elle était en rébellion permanente et n'aspirait qu'à quitter cette classe, et même l'école, ce qu'elle a fini par faire quelques années plus tard. Inscrite par la suite dans l'établissement de secteur, elle a parfaitement poursuivi sa scolarité.

CHAPITRE 2

AIDER LES ENFANTS À S'ÉPANOUIR

Aider les parents à mieux comprendre la précocité et à renouer avec leur rôle de guides bienveillants et sécurisants, c'est leur permettre de retrouver confiance en eux. Et comme il suffit que l'un des membres d'une relation change – de manière positive ou négative – pour que la relation toute entière soit réorientée, l'enfant recueillera lui aussi les bénéfices de ce mieux-être parental, et pourra à son tour (re)trouver sa place rassurante d'enfant aimé et protégé. Pour autant, le petit HP n'a pas seulement besoin d'une aide par ricochet. Il est nécessaire de s'adresser directement à lui afin qu'il comprenne et s'approprie cette part inconnue de lui-même qu'est le haut potentiel.

Il était une fois… Moi

Tous les enfants, quels qu'ils soient (et parfois les adultes !), vivent dans l'ignorance d'eux-mêmes. Ils s'évaluent, on l'a vu, plus ou moins « bien », ou « forts » que les autres, mais les petits « normaux-pensants » dépassent rarement ce constat – ce qui ne les empêche pas d'en souffrir, le cas échéant. La raison est que non seulement les domaines dans lesquels ils peuvent se rattraper ne manquent pas, mais aussi qu'ils se savent intimement « comme les autres ».

L'enfant HP se compare également en continu, mais ses écarts avec les autres sont plus importants. Les domaines dans lesquels il excelle – savoirs, imagination, perceptions – sont rarement valorisés par l'école, et encore moins par les copains qui sont, dans leur majorité, plus habiles physiquement et davantage intéressés par les jeux de groupe. À l'instar de ses camarades, le petit HP vit donc lui aussi dans l'ignorance de lui-même, mais contrairement à eux, il voit bien que ce qui leur semble naturel lui demande des efforts. Il se sent intimement différent sans en comprendre la raison, ce qui accroît son malaise.

★ Expliquer la précocité : une valeur pédagogique

Lui expliquer que toute norme est relative et que son apparente « anormalité » est normale, au regard de ses normes à lui, revêt d'abord un caractère pédagogique. Il n'y a pas toujours une bonne et une mauvaise façon de penser. Il peut y en avoir plusieurs ! En l'occurrence, ses comportements, ses réflexions, ses incessantes interrogations et ses angoisses, qui déroutent son entourage, n'en obéissent pas moins à une logique. Il est précoce, mais pas fou !

Nous le répétons à l'envi tout au long de cet ouvrage, mais c'est parce qu'il s'agit là d'une problématique majeure et logique de l'enfant HP, statistiquement le seul de sa classe avec ce fonctionnement.

Nous commençons donc par lui montrer où il se situe dans la courbe de Gauss de l'intelligence (voir page 42) et lui expliquons, de manière neutre et détachée, quelles sont les forces et les faiblesses de la précocité. Nous lui indiquons que, d'une part, sa particularité est connue et partagée par d'autres et que, d'autre part, elle ne le définit pas en tant qu'être humain.

L'idée n'est évidemment pas de le brosser dans le sens du poil en lui démontrant à quel point c'est génial d'être précoce. Ce serait le plus sûr moyen de se le mettre à dos (rappelez-vous qu'il déteste la flatterie), ou, pire, d'en faire plus tard un arrogant, voire un tyran qui aura décidé de faire sienne cette pétition de principe : « Je suis surdoué, donc génial ! » Au contraire, passées les explications, nous lui préciserons que l'intelligence est un atout, à condition de savoir l'utiliser, mais qu'elle ne suffit pas à faire de lui une belle personne. À lui de savoir à quoi il voudra la dédier.

★ Permettre la discussion

« Est-ce qu'il y a des choses qui te font penser à toi dans ce que je viens de raconter ? » « Comment te sens-tu avec cette spécificité ? »

Donner la parole à l'enfant ouvre la porte au dialogue et à l'appropriation. Le petit HP va passer en revue son mode de fonctionnement et établir ses propres correspondances : « Ça, c'est moi, oui. Ça non. Pourquoi ? » Doucement, il avance dans la connaissance de lui-même et intègre l'acquisition de sa particularité. L'objectif est de lui faire prendre conscience qu'il n'a pas – encore une fois – à tenter de se fondre dans un moule, et qu'à l'intérieur de la précocité, les profils sont multiples.

Les uns font tout très rapidement, les autres sont extrêmement lents. Marion craint par-dessus tout l'isolement et cherche à se fondre dans la masse. Thomas est sans cesse tiraillé entre son envie d'être comme tout le monde et son désir de rester lui-même. Chaque fois qu'il se conforme aux goûts et aux envies des autres, il a l'impression de se perdre, de se dissoudre, et ça l'angoisse. Mais chaque fois qu'il reste lui-même, il se sent étranger et ça l'angoisse également… Il y a autant de précocités que d'enfants précoces et chacun y a sa place.

★ Partir à la rencontre de soi

Chloé, 10 ans, est arrivée en consultation très consciente de sa précocité. Elle ne voulait plus voir ni ressentir ce qui se passait autour d'elle et en elle. Elle a donc d'emblée demandé : « Est-ce que ça s'opère la précocité ? »

Réponse : « Non, d'ailleurs, ce serait dommage de t'enlever un bout de ce cerveau qui fonctionne si bien ! En revanche, ça s'apprivoise. » Tel est l'objectif. Lui faire découvrir toutes ses ressources. Et pour lui permettre de les trouver, nous lui proposons une chasse au trésor ! Une sacrée aventure, semée d'obstacles : l'enfant part à la recherche de ses envies, goûts, qualités, de tout ce qui le remplit de joie. Mais il se lance parallèlement à la poursuite de ses fragilités, défauts, de ce qu'il ne supporte pas, de tout ce qui l'emplit d'émotions négatives. Avant, pour faciliter un premier débroussaillage, nous pensions intéressant de lui donner de petits travaux à faire à la maison. Mais pour les familles, d'une manière générale, les exercices se transformaient en « devoirs ». Aujourd'hui, nous préférons proposer à ceux qui le souhaitent (les filles surtout) un carnet dans lequel déposer gros mots, colères, et autres émotions fortes. Nous suggérons également « une boîte à émotions », « une boîte à colères ».

Quoiqu'il en soit, il ne s'agit là que de matériel préparatoire à l'aventure, dans laquelle, évidemment, l'enfant ne part pas seul ! Nous le guidons en lui donnant des indices, l'aidons à déchiffrer ce qu'il trouve. « Tu dis que telle situation te rend triste. Moi, je me demande si ce n'est pas plutôt de la colère que je ressentirais à ta place. » Et on décortique avec lui la situation en l'amenant à remettre de la logique dans ses manifestations émotionnelles, à repérer celles qui, parfois aussi, se cachent derrière une autre. Pour ce travail en forme de jeu, nous nous aidons du « Pense-bête émotionnel » (*voir la « Boîte à outils », page 151*).

Notez-le !

Pour permettre à l'enfant de moins de 4 ans jusqu'à 10-12 ans de s'exprimer, de parler de lui et de ses émotions, nous vous conseillons **trois jeux** : Brin de Jasette famille, La boîte des petits philosophes, et Dixit. Sans oublier **les livres** des éditions Pourpenser, les *Petites histoires pour devenir grand* de Sophie Carquain et, bien sûr, la collection des « Max et Lili ».

Comment bien vivre avec moi-même et avec les autres ?

Maintenant que l'enfant y voit plus clair dans son propre fonctionnement, il peut mettre en pratique ses connaissances, et sentir, progressivement, que la pression tombe, que l'horizon s'ouvre.

★ Gérer la frustration

L'enfant HP est habitué à l'immédiateté. Il comprend, aime et déteste tout de suite. Ne pas « avoir » instantanément l'information, la réponse, la récompense, le jouet… laisse place soit à l'attente – ce temps effrayant de vide –, soit à l'effort – s'entraîner, économiser, travailler. L'enjeu est de l'aider à accepter de différer et de patienter. Nous ne parlons pas de « lâcher prise », car nous n'aimons pas l'expression, et les précoces, très attachés au sens littéral des mots, ne l'apprécient certainement pas non plus. Qui a envie de lâcher prise ? N'est-ce pas risquer de se casser le nez ?

Il s'agit juste en réalité de lui apprendre les vertus de l'attente : ne pas avoir aussitôt ce que l'on veut peut ouvrir sur de nouvelles expériences émotionnelles – fébrilité, endurance, courage… Au départ, nous invitons l'enfant à chercher la réponse à un jeu, une devinette pendant une minute. Puis nous allongeons le temps, jusqu'à lui faire admettre que le sens de tel texte, tel événement, peut lui paraître parfaitement impénétrable aujourd'hui, voire absurde, mais qu'il y aura sûrement accès plus tard.

★ Sortir de la pensée rigide

Constater qu'on a soi-même des zones d'incohérence et des difficultés autorise l'humilité ! Il est en effet plus facile de porter un jugement moins définitif sur les autres quand on connaît ses propres fragilités. Nous parlons ici des fragilités, des faiblesses voire des défauts identifiés, à côté de qualités tout aussi clairement notées, et non de ce sentiment diffus de nullité généralisée.

Pour que le petit HP s'ouvre à l'indulgence, nous l'invitons à passer sa propre pensée à travers les trois tamis de Socrate : a-t-il vérifié que l'information qu'il tient absolument à ajouter à la conversation, ou que la sentence qu'il entend infliger sont vraies, bonnes à entendre et utiles ? Si la réponse est non, autant qu'il les garde pour lui, qu'il laisse parler l'autre en acceptant ses imperfections, ses inexactitudes, qu'il dépasse ainsi les détails pour prendre en compte la globalité du discours.

★ Transformer mes émotions en alliées

Nous lui expliquons que les émotions ne sont pas des ennemies, mais simplement une myriade de signaux d'alarme qui nous indiquent nos besoins et le moyen de les satisfaire (voir *« Le pense-bête émotionnel » dans la « Boîte à outils », page 151*). L'idée est de l'aider à apprivoiser les pouvoirs de son hypersensibilité. On l'amène à comprendre que s'il manifeste l'émotion juste dans telle situation, il aura de grandes chances d'obtenir en retour la réponse attendue.

Illustration : l'enfant raconte une situation qui lui a fait peur. Mais ce qu'il a manifesté, en réalité, c'était de la colère. Il a donc été sermonné alors qu'il aurait voulu être rassuré. Même chose si, au lieu d'exprimer sa tristesse parce qu'un autre enfant l'a blessé, il s'énerve et se met en colère. Il se fera gronder – ce qu'il retiendra comme une injustice – alors qu'il aurait voulu être entendu et éventuellement consolé.

★ Prendre conscience de ma capacité de résilience

Certes, le petit HP est vite traumatisé. Mais nous lui faisons remarquer que sa curiosité, sa sensibilité, sa capacité d'émerveillement et son intelligence constituent une puissante énergie vitale qu'il gagnerait à mieux exploiter. Son cerveau est capable d'échafauder de magnifiques scénarios catastrophe qui tiennent la route ? Alors travaillons ensemble à des scénarios alternatifs tout aussi bien ficelés. Il imagine régulièrement que la maison s'effondre. Proposition : « Comment faire pour qu'elle ne s'écroule pas ? », ou « Comment la reconstruire ? » Autre exemple : « Je suis nul, je vais tout rater. » « OK, ça c'est le scénario catastrophe. Que pourrait-on imaginer de rassurant ? » L'idée est de lui faire reprendre le contrôle de sa pensée : « Si tu es capable d'imaginer un film d'horreur, tu dois pouvoir imaginer un film drôle. »

★ Utiliser ma pensée en arborescence dans tous les exemples de la vie

Les petits HP ne voient pas l'intérêt de penser aussi vite et de manière multidirectionnelle. La plupart du temps, ils ne comprennent pas comment la question posée les a amenés à telle conclusion, ne savent pas expliquer le résultat qu'ils ont obtenu, bref, ils ont l'impression de virevolter et voudraient qu'on les débranche ! À nous de leur faire comprendre que la fulgurance de leur pensée est très précieuse dans la vie quotidienne : elle permet de trouver des solutions pertinentes et rapides à des problèmes concrets, d'imaginer des réponses originales, d'anticiper de manière positive et rassurante.

Notez-le !

Pour aider les cerveaux en ébullition à clarifier leur pensée, on parle beaucoup de la carte mentale, la « mind map ». Pourquoi pas, mais sachez que cela ne fonctionne pas toujours avec l'enfant précoce qui voit juste son schéma mental étalé sous ses yeux en 2D ! Certains ont davantage besoin de listes, de tableaux.

★ Accepter aussi les autres

Finir par s'accepter soi-même, avec ses forces et ses faiblesses, n'implique pas automatiquement de pousser l'indulgence jusqu'à accepter réellement l'autre tel qu'il est, avec ses forces et ses faiblesses également. Le petit précoce peut même y être assez réfractaire, considérant que seul incombe à ceux qui l'entourent l'effort d'être bien avec lui. À commencer par ses parents… « Ma mère est idiote, elle ne comprend vraiment rien », avons-nous plusieurs fois entendu. C'est l'occasion de lui expliquer que si son besoin de compréhension et de reconnaissance est légitime, il doit lui aussi apprendre à composer, s'adapter, écouter, prendre conscience de la valeur des autres. Par chance, les « habiletés sociales » se développent dans le cadre de groupes de parole ou en face à face avec un thérapeute. Pensez-y !

Notre boîte à outils « maison »

Les graphiques, tableaux et exercices, présentés ici par ordre alphabétique, servent à faire comprendre à l'enfant que son comportement n'est pas unique, qu'il a été au contraire identifié, répertorié et étudié. La plupart de ces outils sont issus de l'analyse transactionnelle (AT), dont les concepts sont accessibles et concrets. Ils sont utilisés en séance, mais nous invitons les parents à se les approprier !

LE CADRE

pour poser les limites, développer la coopération et le sens des responsabilités.

Parce que l'enfant HP repousse sans cesse les limites de l'autorité.

➧ PouR Qui?

Parents et enfants.

➧ À Quoi Ça SeRT?

Le cadre sert d'abord à définir le corpus des règles, us et coutumes de la famille, lui-même souvent soumis au cadre de l'environnement (travail, école, ville, pays, etc.). Ensuite, il pose les interdits – les limites – et les permissions, ainsi que les espaces de négociation.

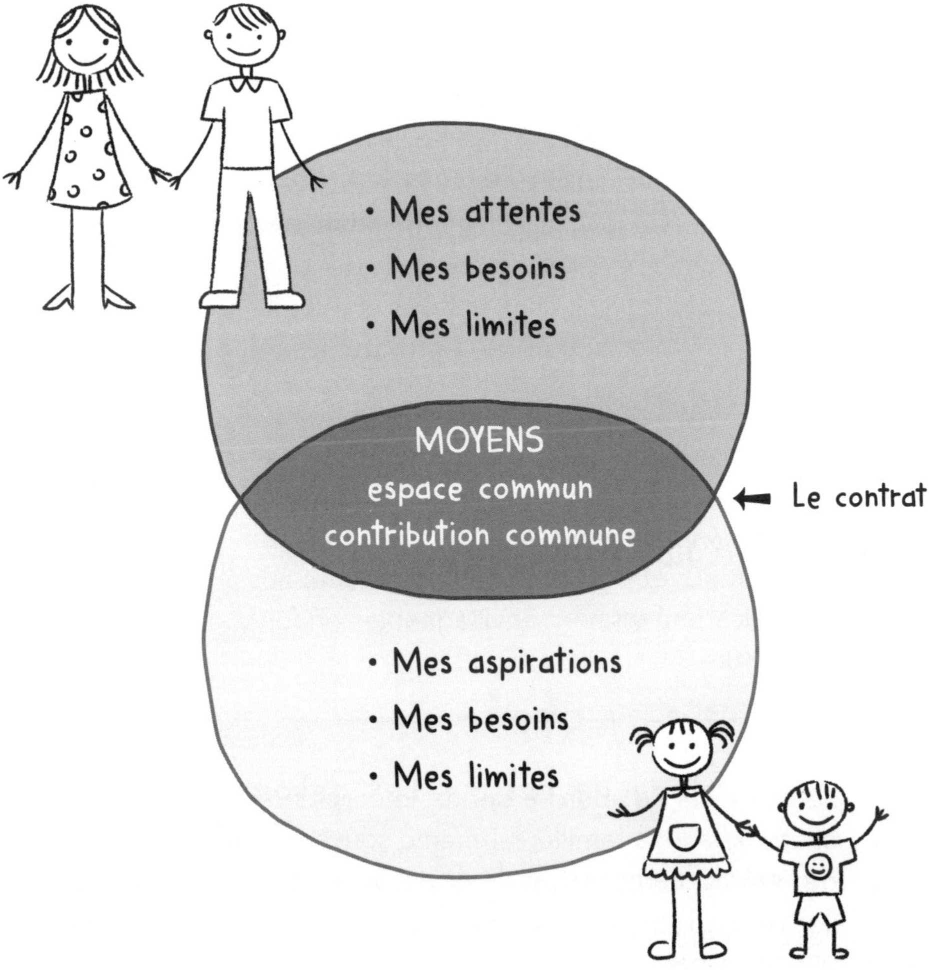
• Mes attentes
• Mes besoins
• Mes limites
MOYENS
espace commun
contribution commune
Le contrat
• Mes aspirations
• Mes besoins
• Mes limites

➧ Explications et mode d'emploi

Les parents étant les responsables légaux des enfants, ce sont évidemment eux qui définissent le cadre et en sont les garants. Cependant, il est intéressant de poser les règles ensemble, sur un mode participatif, lors d'un tour de table ou d'un conseil de famille, car les brainstormings familiaux sont souvent créatifs ! Chaque famille possédant ses propres valeurs morales, éducatives, religieuses, historiques, chaque cadre sera unique. Le définir de manière explicite permet à chacun, enfants et parents, de mettre en lumière ces valeurs, puis de confronter les attentes des uns aux aspirations des autres.

Une fois le cadre posé, on établit un contrat qui fixe l'objectif à atteindre et les rôles de chacun dans une perspective de bénéfices mutuels. On s'assure qu'on est d'accord sur les mots et on s'engage (les parents aussi). Différents types de contrats sont envisageables en fonction des buts à atteindre.

Étude de cas : « Les devoirs »

★ **Cercle « Parents » :**

Mes attentes : que les devoirs soient faits.

Mes besoins : passer une soirée tranquille.

Mes limites : la 3e répétition d'une demande (au-delà, ça m'épuise, me met en colère, me fait perdre du temps…).

★ **Cercle « Enfant » :**

Mes aspirations : prendre d'abord mon goûter, me reposer un peu, jouer en rentrant de l'école.

Mes besoins : passer une soirée tranquille.

Mes limites : me faire gronder pour rien, me remettre au travail dès la sortie de l'école, retenir une poésie que je n'arrive pas à me rappeler (ça me bloque et me met en colère).

★ **Contributions communes : les négociations sont ouvertes.**

Par exemple, à propos de la poésie : « Fais de ton mieux, tu restitueras ce que tu pourras ».

À vous de jouer !

➧ Et si le contrat n'est pas respecté et les devoirs pas faits ?

On le souligne et on interroge l'enfant : « Alors, que fait-on maintenant ? »

L'enfant peut lui-même trouver un moyen de réparer. Sinon, rien n'empêche de chercher ensemble une solution. À la place du temps de lecture du soir, on demande à l'enfant de faire ses devoirs. Mais s'il a besoin de dormir, on pourra lui dire : « Tu verras demain avec la maîtresse. À toi de prendre tes responsabilités ». Ou encore, s'il parvient à se lever plus tôt le lendemain, on lui demandera de se mettre au travail dès son réveil.

LE CYCLE DE L'AUTONOMIE

pour accompagner l'enfant
vers son émancipation.

Parce que l'enfant HP, dysynchronique, peut avoir des raisonnements et réflexions très adultes à côté de comportements en apparence très immatures.

➧ PouR Qui?

Les parents.

➧ À Quoi Ça SeRT?

Ce cycle permet aux parents d'identifier la position de l'enfant sur son chemin de l'autonomie et de l'accompagner au mieux, en ayant bien présent à l'esprit que chaque étape comporte des zones de turbulences. Comme l'enfant HP affiche rarement une personnalité homogène, il s'attarde parfois dans l'un des stades décrits, ou s'inscrit dans plusieurs à la fois, suivant les états et contextes dans lesquels il se trouve (émotionnel, intellectuel, physique, familial, scolaire). Dans tous les cas, il traversera toutes ces étapes avant de parvenir à l'autonomie.

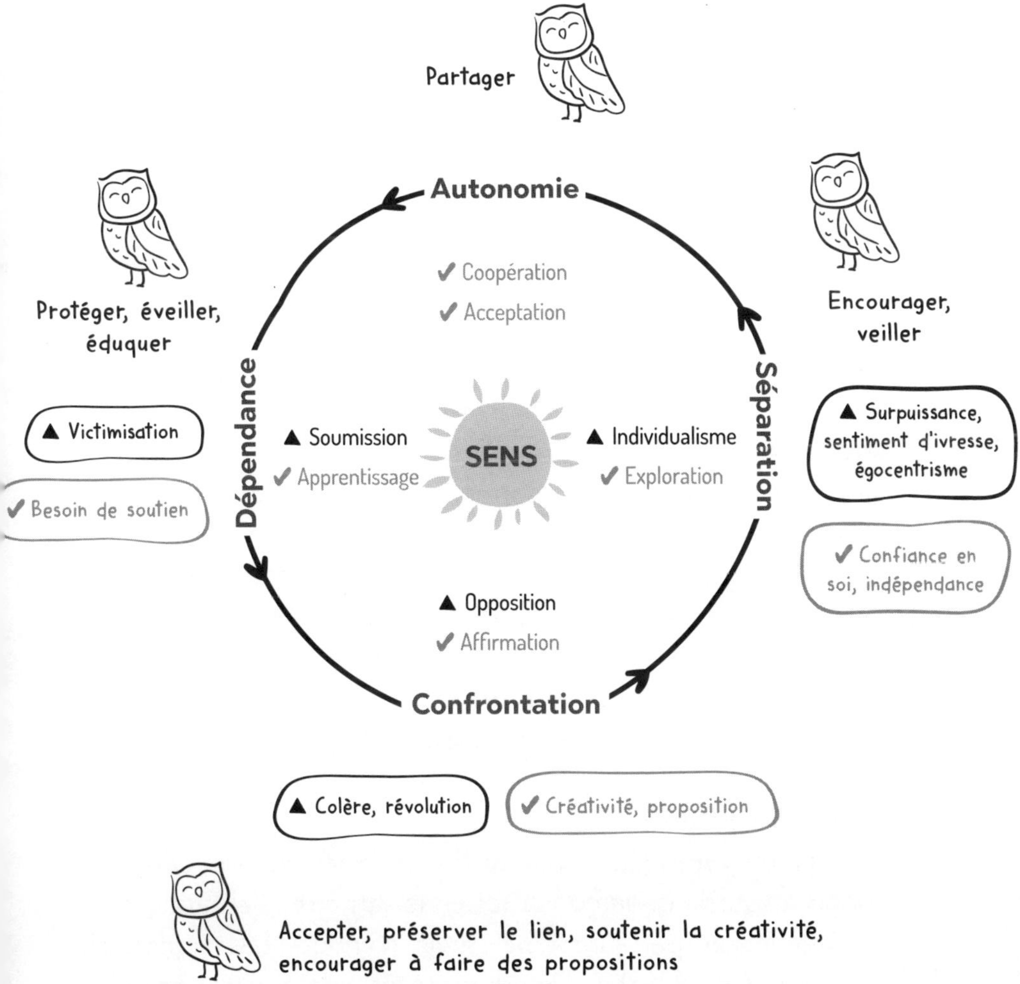
Partager
Autonomie
✔ Coopération
✔ Acceptation
Protéger, éveiller, éduquer
Encourager, veiller
Dépendance
Séparation
▲ Victimisation
✔ Besoin de soutien
▲ Soumission
✔ Apprentissage
SENS
▲ Individualisme
✔ Exploration
▲ Surpuissance, sentiment d'ivresse, égocentrisme
✔ Confiance en soi, indépendance
▲ Opposition
✔ Affirmation
Confrontation
▲ Colère, révolution
✔ Créativité, proposition
Accepter, préserver le lien, soutenir la créativité, encourager à faire des propositions

➧ EXPLICATIONS ET MODE D'EMPLOI

Sur ce graphique, la chouette représente les parents (et ce qu'ils doivent faire pour accompagner l'enfant), les mots en gras, précédés d'un ▲, indiquent les zones de turbulences, les risques pour l'enfant, et les mots en gris, précédés d'un ✓, ce dont il a besoin.

• La dépendance

Elle correspond à la période de la petite enfance, durant laquelle l'enfant est totalement dépendant de ses parents. Il apprend le bien, le mal, à faire et à ne pas faire. Le rôle de l'adulte est de veiller, éveiller, soutenir, enseigner. C'est lui qui établit les règles auxquelles l'enfant est soumis. Cette étape est évidemment normale. Elle devient problématique lorsqu'elle se prolonge et que l'enfant ne quitte pas cette posture de soumission en grandissant, soit parce qu'il manque de confiance en lui, soit parce que l'autorité qui le « gouverne » est trop stricte. Le risque est alors qu'il reste coincé dans un rôle de victime. Pour en sortir, il aura besoin d'encouragements et de responsabilités.

• La confrontation

Également appelée « contre-dépendance », elle correspond au stade de la construction identitaire : l'enfant veut expérimenter par lui-même, mais n'en est pas toujours capable. Cela génère chez lui une grande frustration qui peut s'accompagner de crises de colère. Il s'affirme et s'oppose à l'adulte. Il se veut tout-puissant et enrage de ne pas l'être. C'est le moment d'encourager sa créativité, de l'aider à développer sa confiance en lui, mais également de poser certaines limites et d'en négocier d'autres.

Pour l'enfant HP, la période est très délicate, car c'est là qu'il prend conscience de l'incohérence des adultes et du monde en général. Souvent déstabilisé, il ne sait plus qui/quoi croire. Certains intègrent la conviction qu'ils ne peuvent compter que sur eux-mêmes, quitte à devenir arrogants et tyranniques, ou à adopter des conduites à risque pour tester les limites. D'autres, déçus, se sentent perdus, « nuls ». Ils n'osent plus rien explorer par manque de sécurité et se réfugient dans la dépendance au lieu d'avancer. Dans ces deux cas, l'enjeu pour eux sera de se défaire de l'emprise de l'adulte, sachant et protecteur, et de s'autoriser à explorer.

- **La séparation**

Également appelée « l'indépendance », c'est la période de l'adolescence par excellence ! Sûr de lui, le jeune explore, veut faire seul, se sent tout-puissant. Pour commencer à bâtir son propre socle de règles et valeurs, il rejette tout, ou presque, ce qui vient de l'adulte, auquel il refuse désormais de se soumettre. Cette phase, très inconfortable (pour tout le monde !), est néanmoins indispensable pour asseoir son identité, s'émanciper et devenir autonome. Elle est même tellement jubilatoire pour le jeune qu'il peut se croire le roi du monde et rejeter toute forme de protection, qu'il prendra pour du despostisme.

Pour lui, aller vers l'interdépendance, c'est-à-dire l'autonomie, pourra être vécue comme une régression (« Merci, mais c'est bon, je n'ai besoin de personne »). Alors pour peu qu'il soit entouré d'adultes hyperautoritaires ou hyperprotecteurs, il risque de rester coincé dans cette phase qui lui procure un intense sentiment de liberté et l'illusion d'un super pouvoir. Lui enseigner l'intérêt de la coopération est alors le meilleur antidote, l'aider sans le rabaisser, le soutenir sans faire à sa place, l'encourager à explorer, respecter ses choix et l'autoriser à se tromper.

• **L'autonomie**

Également appelée « l'interdépendance », c'est le but à atteindre : agir seul quand c'est possible, faire appel à l'autre au besoin, sans se sentir humilié. Cela signifie avoir intégré une confiance suffisante en soi et en l'autre, accepter de ne pas être tout-puissant sans pour autant se sentir impuissant...

• **Le sens** s'inscrit au centre du dessin, parce que c'est par lui, en terme de cohérence et de direction, que l'enfant HP passera et repassera pour intégrer chacune de ces étapes. Comme, la plupart du temps, il présente des comportements aussi immatures que trop matures par rapport à sa classe d'âge, il est normal qu'il se situe au niveau de la dépendance dans des situations, et carrément autonome dans d'autres. Inutile de chercher à diminuer ces écarts pour en faire un être parfaitement homogène et équilibré, car c'est ainsi que fonctionne l'enfant HP ! Le meilleur moyen de l'accompagner est de l'accueillir là où il est et de l'encourager à avancer.

Notez-le !

Toutes ces phases sont des passages obligés pour tout le monde, dans lesquels chacun s'attarde plus ou moins. Il est ainsi possible d'être autonome dans la réalisation d'une tâche et de retomber dans la dépendance quand il s'agit d'affronter un changement (déménagement, nouvelle école, passage dans la classe supérieure...). Dans ce cas, on refait un cycle complet qui peut durer quelques heures ou quelques jours. Jusque-là, rien d'anormal.

Le problème se pose lorsque l'enfant reste coincé dans une phase de dépendance, de confrontation ou d'indépendance, qu'il n'avance plus, voire qu'il retourne dans la phase précédente (de la confrontation à la dépendance notamment).

Avoir conscience de ce cycle permet d'inciter l'enfant à avancer, de l'encourager à explorer.

LE MODE RELATIONNEL

pour apprendre
les habiletés sociales.

Parce ce que l'enfant précoce ne sait pas entrer correctement en relation et qu'il en souffre.

➧ PouR Qui?

Parents et enfants.

➧ À Quoi Ça SeRT?

Cet outil permet d'identifier les situations dans lesquelles l'enfant est le plus à l'aise, et celles qui lui sont le plus coûteuses. Normalement, une relation évolue du « retrait » à « l'intimité », après être passée par différents stades. On constate pourtant que les HP, désireux de développer des relations profondes et vraies, sautent souvent directement du retrait à l'intimité, sans passer par les modes intermédiaires « rituel » et « passe-temps », étapes qui les ennuient mais que d'autres jugent nécessaires, car parvenir trop vite au mode « intimité » les met mal à l'aise.

Lorsqu'une relation ne peut s'établir parce que ses stratégies ne fonctionnent pas, l'enfant HP passe du mode « retrait » au mode « jeu psychologique » – qu'il ne comprenait pas petit, mais qu'il a fini par intégrer en croyant servir ses intérêts.

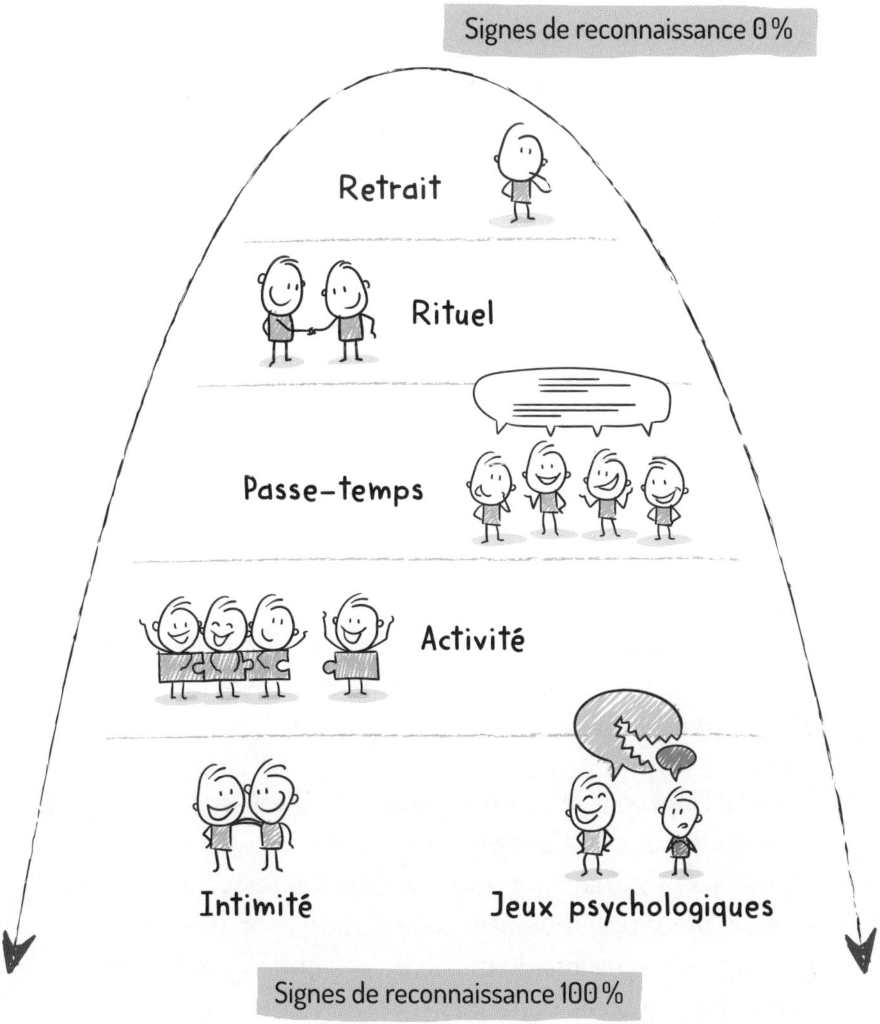

➧ EXPLICATIONS ET MODE D'EMPLOI

L'Analyse transactionnelle (AT) propose **six modes relationnels** qui permettent d'obtenir des signes de reconnaissance (cette attention qui nous est portée et qui nous donne le sentiment d'exister) plus ou moins importants, plus ou moins intenses. Hormis les **jeux psychologiques** qui sont un dysfonctionnement de la relation, tous ces modes sont nécessaires à un moment. Le schéma, en forme de pyramide, indique une hiérarchie cohérente. Il est difficile de se lier d'amitié instantanément. D'abord, il faut créer du lien : le retrait permet d'observer son interlocuteur, puis le rituel amène chacun à se saluer d'un bonjour ou d'un sourire, de quelques mots, avant de passer au passe-temps pour amorcer une conversation... L'activité, elle aussi, permet de créer du lien, d'observer les attitudes de l'entourage. Alors seulement, les choix d'amitié, les liens intimes peuvent se créer... ou non !

• **Le RETRAIT** ne permet ni d'entrer en relation ni de recevoir beaucoup d'attention. Mais c'est l'occasion d'observer, de mettre au point ce que l'on va dire et à qui. Ce peut être une prémisse à la relation, ou un moyen de l'éviter, par timidité ou par choix.

• **Le RITUEL** est un premier contact. C'est le « Bonjour, je m'appelle... », « Tu t'appelles comment ? », « Tu es en quelle classe ? », toutes ces petites phrases dites pour démarrer une conversation, ou entrer en relation avec une personne. L'enfant HP a parfois du mal avec ces codes dont il ne comprend pas l'intérêt : une fois qu'on a fait le tour des codes sociaux, on n'a plus grand-chose à dire. L'attention reçue est assez faible et souvent insatisfaisante pour l'enfant HP qui demande une attention soutenue.

• **Le PASSE-TEMPS** regroupe ces conversations bateau qui créent du lien sans trop s'impliquer : on parle de la pluie et du beau temps, du programme télé de la veille, ou du dernier jeu vidéo. Là encore, le jeune HP peut rapidement saturer. Les banalités l'attirent peu. Il ne se sent pas concerné par les échanges superficiels. En revanche, si la conversation correspond à l'un de ses centres d'intérêt, il peut y plonger, jusqu'à « soûler » son interlocuteur qui n'avait pas prévu (ni envie) d'approfondir ce sujet !

• **L'ACTIVITÉ,** ce sont ces moments passés ensemble à faire quelque chose (jeu, sport). L'investissement de l'enfant HP dépend de l'intérêt, intense ou nul, qu'il porte à l'activité, lequel est, dans la majeur partie du temps, très inférieur ou très supérieur à celui exprimé par son partenaire.

• Enfin, **l'INTIMITÉ** est généralement le mode préféré du jeune HP, dont l'amitié est, le plus souvent, exclusive et très investie. Problème néanmoins : l'intimité étant trop intense pour être constante, elle a hélas besoin d'être régulièrement associée à la légèreté du passe-temps et entretenue par les rituels qui sont des marques de politesse. Elle est aussi plus rare et peut générer une dépendance ou de l'isolement. Dans ce dernier cas, l'enfant repart dans le retrait.

• **Le JEU PSYCHOLOGIQUE** *(voir « Le triangle dramatique », page 167)* n'a rien de ludique, mais comme dans n'importe quel jeu, les règles sont définies à l'avance et l'objectif est identifié. Le but est de recueillir un maximum d'attention quand les autres modes ne sont pas, ou pas correctement, investis par l'enfant. Tous les coups sont permis pour se faire « remarquer ». Au prix de diverses stratégies inappropriées, l'enfant finit par récolter son quota d'attention (il ne laisse pas indifférent, preuve qu'il n'est pas si insignifiant). Au final, il ne se sent pas mieux, ni personne autour de lui.

Pour éviter les stratégies inadaptées qui débouchent sur du rejet et des conflits, il est donc important d'éduquer les petits HP aux différents modes relationnels, aux « habiletés sociales ».

LE PENSE-BÊTE ÉMOTIONNEL

pour apprivoiser ses émotions.

Parce que notre hypersensible HP a peur de ses émotions intenses, vécues par lui comme des ennemies.

➧ PouR Qui?

Parents et enfants.

➧ À Quoi Ça SeRT?

Voilà un tableau à coller sur le frigo pour l'avoir toujours sous les yeux ! Il sert à ramener l'enfant dans le concret, à le recentrer quand une crise le fait partir trop loin dans ses émotions, à apporter un peu de rationalité dans un contexte émotionnel bouleversé. L'objectif n'est donc pas de nier ce qu'il ressent, mais d'essayer de lui faire comprendre que son émotion n'a pas à être disproportionnée !

Situation	Émotion	Besoin de	Action	Relatif au
Menace danger	 **PEUR** de l'inquiétude à l'angoisse	Protection Prévention	Protéger Sécuriser	**FUTUR**
Obstacle injustice dommage	 **COLÈRE** de l'agacement à la rage	Changement Reconnaissance Réparation	Ajuster S'affirmer Protester	**PRÉSENT**
Perte séparation	 **TRISTESSE** • de la déception au chagrin	Écoute Soutien	Accepter S'adapter Pardonner	**PASSÉ**
Événement heureux réussite	 **JOIE** du bien-être à l'hilarité	Expansion Partage	Célébrer Savourer	**PRÉSENT**

L'idéal est de se référer au tableau dès le début de la crise, au moment où l'émotion monte : par exemple quand, de retour de l'école, après avoir contenu une difficulté relationnelle toute la journée, l'enfant est sur le point de laisser éclater sa tristesse et/ou sa colère ; ou encore pendant ses devoirs, lorsque la panique le gagne car il a un contrôle le lendemain et qu'il n'y arrivera « jamais »... On peut également utiliser le tableau quand l'enfant est calmé. L'idée est de l'amener à répondre à ces questions : que se passe-t-il (s'est passé) ? ; qu'as-tu ressenti (ressens) ? ; de quoi as-tu besoin ? que peux-tu faire ?

➧ Explications et mode d'emploi

D'une manière générale, l'émotion est un signal d'alarme. Elle nous informe de l'apparition d'une situation qui déséquilibre notre tranquillité, et nous renseigne sur ce dont on aura besoin pour passer à l'action et rétablir l'équilibre. Il est donc fondamental de l'écouter (mais pas de la renforcer !). La situation déséquilibrante (le stimulus) est soit extérieure – un événement heureux ou malheureux –, soit intérieure – une histoire que l'on se raconte.

Étude de cas

L'enfant s'est fâché avec son meilleur ami. Il rentre contrarié. Manifeste-t-il de la tristesse (« J'ai perdu mon ami »), de la colère (« Il est méchant »), de la peur (« Je vais me retrouver seul ») ? Sans doute, un peu des trois à la fois. Alors comment savoir ce dont il a besoin ? Parfois, il suffit de demander : « Qu'est-ce que je peux faire pour toi ? », « Que proposes-tu ? »

Le piège est de s'immiscer dans la situation, de prendre parti, de poser trop de questions au risque de renforcer l'émotion. Le tableau permet de s'en tenir aux faits en repartant de l'élément déclencheur pour déterminer une action à mettre en place dans le moment présent.

La plupart du temps, on aide l'enfant à analyser son émotion en la dissociant de lui-même : « Qu'est-ce qu'elle raconte cette colère (peur, tristesse...) ? » Et c'est l'enfant qui raconte. L'émotion n'est ainsi ni niée, ni minimisée, ni renforcée.

! ATTENTION !

- Attendre le bon moment. Éviter de discuter quand l'émotion est trop intense, surtout s'il s'agit de la colère, la plupart du temps contagieuse.
- Ne pas interpréter le récit.
- Ne pas non plus donner de solutions.

L'enfant a juste besoin d'être écouté et accueilli.

La notion du temps est importante dans une séquence émotionnelle

• La peur est relative au futur. L'enfant craint ce qui pourrait arriver – si un monstre entrait dans sa chambre, si ses parents mouraient –, d'où l'importance de revenir au présent : « Ce n'est pas dans mes projets de mourir », ou « Un monstre sous le lit, c'est effrayant, mais regarde, là il n'y en a pas ! » Et si c'est insuffisant, utiliser l'imagination de l'enfant : « Si ta pensée est capable de créer un monstre, elle peut aussi faire venir une fée ou un chevalier pour le combattre... »

• La tristesse est relative au passé, à la perte... On inscrira alors l'enfant dans le présent en l'écoutant, en lui demandant s'il a besoin d'un câlin, ou s'il préfère rester seul, en le laissant, voire en lui permettant, de pleurer : « Pleurer, c'est permettre à son cœur de prendre une douche, ça fait du bien, il en ressort tout propre ! » a l'habitude de dire Nathalie.

• La colère, comme la joie, est relative au présent. Idéalement, il faudrait pouvoir l'exprimer dans l'instant, mais ce n'est pas toujours possible. On peut inviter l'enfant à la stocker, avant de la lâcher un peu plus tard, au moment opportun. C'est le cas lorsque l'enseignant commet une injustice. Il est difficile d'exprimer sa colère à la bonne personne (le professeur) et au bon moment (devant toute la classe). L'enfant aura intérêt à garder sa colère dans sa poche et à la déposer en rentrant. Il s'agira alors pour les parents de veiller à ce qu'il exprime bien ce qui s'est passé sans se défouler sur eux par une colère dérivative.

Notez-le !

La colère n'est pas de la violence, mais une protestation saine qui permet de poser des limites et de s'affirmer. S'il est fondamental de réprimer la violence, il est tout aussi fondamental de permettre l'expression de la protestation et de l'affirmation de soi... dans la limite du respect de l'autre, bien sûr !

LES POSITIONS DE VIE

pour développer une bonne estime de soi.

Parce que le petit HP oscille régulièrement entre la position haute « C'est moi le plus fort » et la position basse « Je suis trop nul ».

➧ Pour qui?

Parents et enfants.

➧ À quoi ça sert?

Ce tableau permet de repérer comment l'enfant se perçoit et se comporte face à l'autre. Il peut se positionner en égal à égal négatif (« Je suis nul, tu es nul, on est tous nuls, le monde est pourri »), en égal à égal positif, en infériorité, ou en supériorité. L'objectif est de tendre au maximum vers +/+.

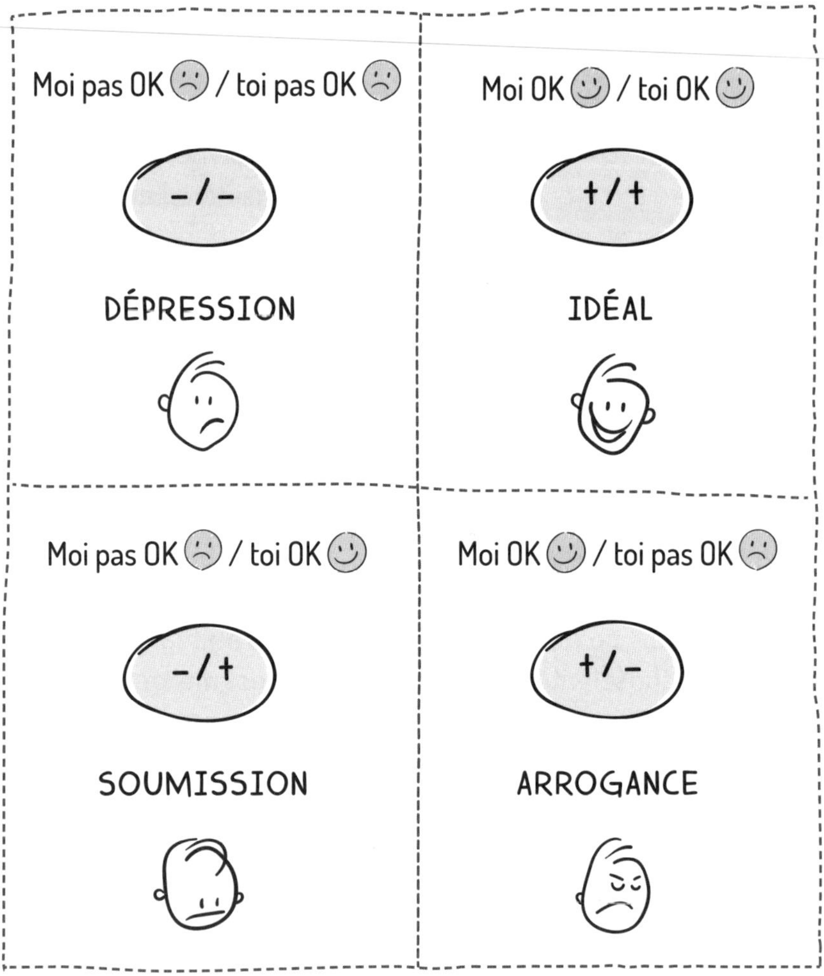
Moi pas OK / toi pas OK
-/-
DÉPRESSION
Moi OK / toi OK
+/+
IDÉAL
Moi pas OK / toi OK
-/+
SOUMISSION
Moi OK / toi pas OK
+/-
ARROGANCE

➡ EXPLICATIONS ET MODE D'EMPLOI

OK signifie « Je suis aimable, je suis capable », c'est-à-dire que je suis une personne digne d'être aimée et possédant des capacités que je me reconnais. Dans l'idéal, c'est ainsi que je me considère et que je considère l'autre.

• **OK / OK (c'est-à-dire « +/+ »)** est la position de base et idéale. « Je me considère comme je considère l'autre, avec nos forces et nos faiblesses respectives, dans un respect mutuel. » Évidemment, dans la vie et au fil des rencontres, tout ne se passe pas idéalement ! La confiance en soi est régulièrement mise à mal et l'enfant développe alors des stratégies de défense plus ou moins efficaces.

• **Moi OK / Toi non OK (+ /-)** correspond à l'attitude arrogante couramment utilisée par les petits HP. Elle signifie « Je suis plus aimable et plus capable que toi ! », ou encore « Tu es nul, tandis que moi... » L'ego prend une place démesurée, mais ne nous y trompons pas : il s'agit là d'une stratégie inconsciente pour retrouver de l'estime de soi. « En écrasant l'autre, je me sens plus fort ; si je le rabaisse, j'apparais plus grand. » Bien entendu, l'objectif n'est pas d'entrer dans ce jeu de pouvoir, mais de désamorcer une compétition stérile.

Ce n'est pas simple, car la tentation est grande pour les parents et les enseignants de rabattre le caquet de ce petit prétentieux ! Hélas, cela ne sert à rien, si ce n'est à abîmer un peu plus sa confiance en lui et à renforcer son arrogance... Mieux vaut lui rappeler régulièrement que rabaisser l'autre (enfant ou adulte) ne le rendra ni plus grand ni plus fort. Chacun ses forces et ses faiblesses.

Les parents ont un rôle fondamental à jouer en aidant l'enfant à en prendre conscience, ce qui passe par des appréciations et des remarques adaptées, ni survalorisantes ni dévalorisantes. Ainsi, « Bravo, ton résultat est excellent ! » est plus adapté que « Tu es le meilleur ! » Car si la survalorisation flatte l'ego, elle ne prépare pas à la réalité : il y aura toujours un meilleur que soi, et le fait d'être « le meilleur » à un instant donné ne fait pas des autres des personnes méprisables.

• **Moi non OK / Toi OK (-/+)** définit l'attitude soumise qui dit que l'autre, les autres sont d'une manière générale meilleurs que soi. Là encore, l'enfant est en compétition mais, cette fois, il est fatalement le perdant. Il a une image de lui négative par rapport à celle dont il pare tous les autres. Sans le survaloriser (il n'est pas dupe), les parents peuvent aider l'enfant à prendre conscience de ses ressources (forces, compétences, traits de caractères...), et à ramener son idéal très, voire trop, élevé au niveau d'un objectif atteignable. Le plus souvent, cet idéal est induit plus ou moins consciemment par les parents qui peuvent se montrer déçus par un résultat ou une attitude.

Il est fondamental de préciser à l'enfant que ce qui déçoit est bien le résultat et non l'individu qu'il est. Mieux vaut donc affirmer « Ton attitude est inacceptable » plutôt que « Tu es insupportable » ; ou encore « Tu as fait des erreurs » plutôt que « C'est nul », ou pire « Tu es nul ». Car il est toujours possible d'améliorer un savoir-faire, bien plus complexe de changer un savoir-être...

- **Moi non OK / Toi non OK (-/-).** Ici, rien ne va plus : « Je ne suis pas à la hauteur, les autres non plus. » L'idéal est irréaliste et personne ne peut l'atteindre. L'enfant est découragé, l'attitude est dépressive. Il devient urgent de réajuster les choses. C'est le moment de retrouver motivation et confiance. L'enfant a besoin d'être soutenu, valorisé (pas survalorisé, souvenez-vous !) et sécurisé, mais encore une fois sans complaisance : « Oui, tu t'es trompé, qu'est-ce que cela t'a appris ? », ou encore « Quand tu me parles comme ça, ce n'est pas acceptable. En revanche, quand tu es/fais/parles ainsi, c'est vraiment agréable. »

SE LANCER DES FLEURS

pour booster
la confiance soi.

Parce que l'enfant HP ne croit pas à l'image positive qu'il peut renvoyer, et aussi parce qu'il doit prendre conscience des qualités qu'il apprécie chez l'autre et qu'il ne mesure pas forcément.

➧ Pour qui ?

Toute la famille.

➧ À quoi ça sert ?

Comme son nom l'indique, à s'envoyer des compliments !

➧ Explications et mode d'emploi

Il s'agit là d'un jeu mutuel, une sorte de tour de table, au cours duquel chacun reçoit une fleur dont chaque pétale contient une qualité reconnue par les autres. À tour de rôle, les participants remplissent la fleur d'Untel, avant de passer à celle de son voisin. Attention aux redondances : chaque

pétale doit présenter une qualité différente, énoncée et notée avec sincérité, sans minimisation ni dévalorisation (pas de « Ça c'est super chez toi, mais... »). Les défauts sont bannis et les frères et sœurs sont invités à jouer le jeu en suivant strictement la règle !

LES SIGNES DE RECONNAISSANCE

pour montrer à l'enfant sa valeur en distinguant « l'être » et le « faire ».

Parce que l'enfant HP doute de lui-même et s'identifie à ses comportements.

➨ Pour Qui?

Pour les parents.

➨ À Quoi Ça Sert?

Cet outil permet que communiquer de façon bienveillante et efficace avec l'enfant et d'éviter les phrases assassines (toxiques quand répétées).

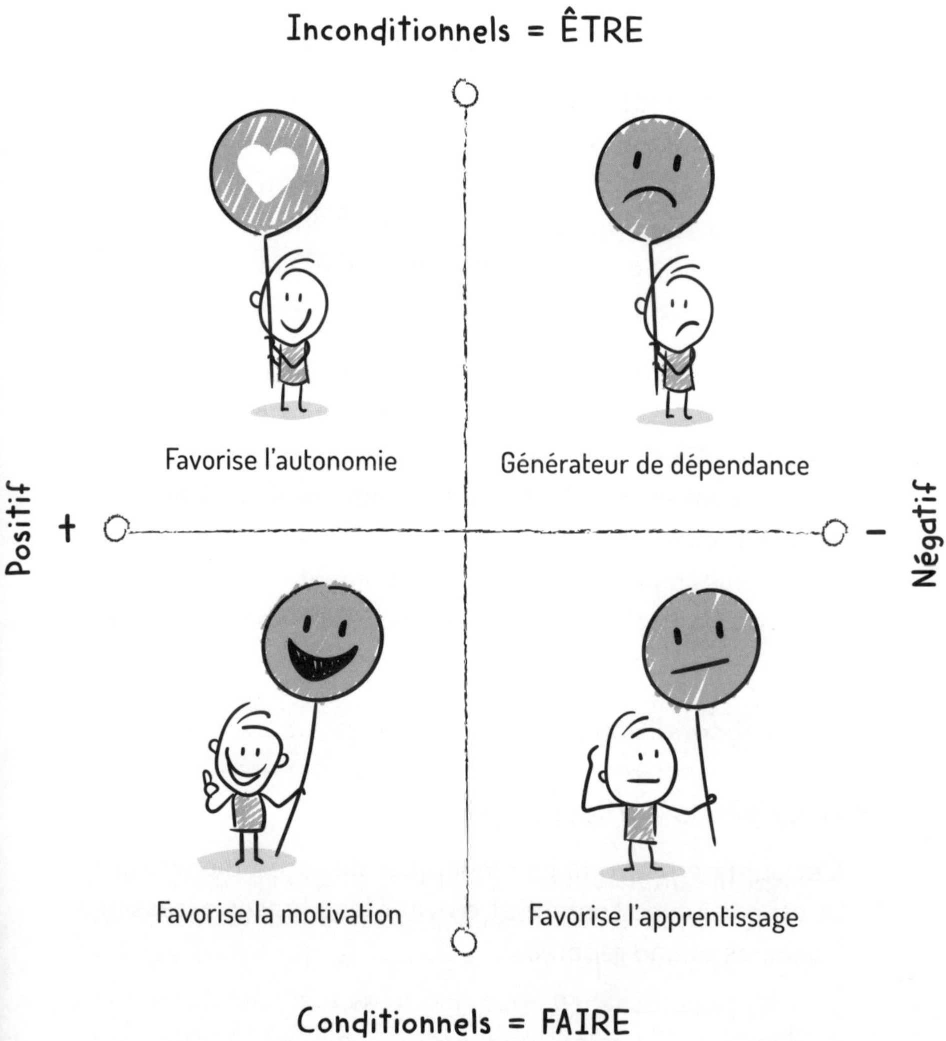
Inconditionnels = ÊTRE
Favorise l'autonomie
Générateur de dépendance
Positif
+
-
Négatif
Favorise la motivation
Favorise l'apprentissage
Conditionnels = FAIRE

➧ EXPLICATIONS ET MODE D'EMPLOI

L'analyse transactionnelle (AT) reconnaît quatre types de signes de reconnaissance, deux positifs et deux négatifs :

• **Positif inconditionnel** : ce signe reconnaît l'être, la personne, son identité. En clair, ce sont tous ces signes (sourires, câlins, mots doux) qui disent « Je t'aime quoiqu'il arrive, parce que tu es qui tu es ». Ils favorisent la confiance et l'estime de soi, et permettent l'autonomie, car ils apportent une grande sécurité affective.

• **Négatif inconditionnel** : opposé du premier, ce signe touche aussi la personne, l'être, l'identité mais de façon négative. C'est le fameux « Tu qui Tue ! » : « Tu es ridicule », « Tu es méchant ». Les signes de reconnaissance négative sont générateurs de dépendance, de rébellion, ou de soumission. Dévalorisants, ils abîment estime de soi et confiance en soi, et s'ils sont adressés de manière répétée, ils deviennent toxiques.

• **Positif conditionnel** : ce signe reconnaît une action et la valorise, il motive et encourage. « Je suis content de ce que tu as fait », « Bravo, tu as réussi ! »

• **Négatif conditionnel** : ce signe reconnaît l'action et la dénonce. Il fait la part des choses entre la personne et son comportement, il permet de poser des limites et est facteur d'apprentissages. « Ce que tu as fait n'est pas acceptable », ou « Tu as fait une erreur, comment pourrais-tu la corriger ? »

LE TRIANGLE DRAMATIQUE

pour sortir des relations toxiques.

Parce que l'enfant précoce, en manque de compétences sociales, doit apprendre à identifier les manipulations dont il peut être soit victime, soit auteur.

➧ PouR Qui?

Parents et enfants.

➧ À Quoi Ça SeRT?

Le triangle sert à illustrer les jeux psychologiques que nous avons déjà abordés dans « Le mode relationnel ». Le but du jeu est d'être reconnu comme le meilleur dans sa catégorie : le plus fort si l'on est en mode « persécuteur », le plus gentil si l'on est « sauveur », le plus touchant si l'on est « victime ». Évidemment, les rôles sont interchangeables !

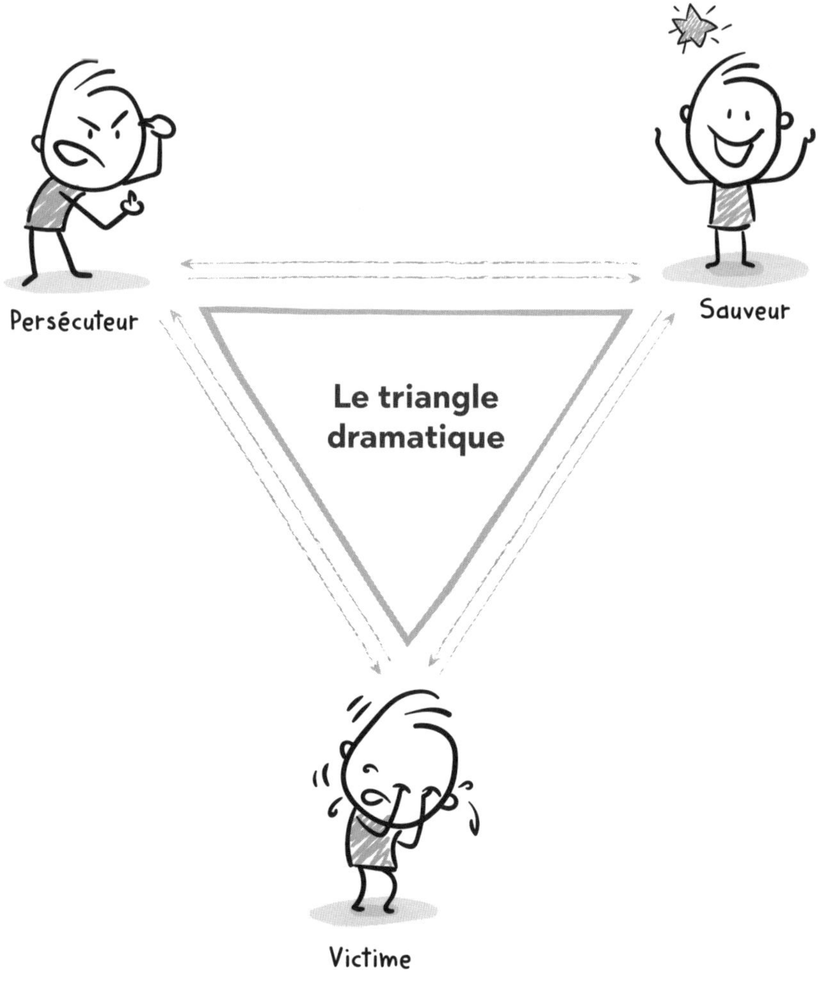
Persécuteur
Sauveur
Le triangle dramatique
Victime

➧ EXPLICATIONS ET MODE D'EMPLOI

Tout comme dans « Le mode relationnel », on ne sort jamais vainqueur de ce jeu dit « dramatique ». Au mieux, on se sent mal à l'aise, au pire abîmé. Néanmoins, si l'on parvient à cerner ce qui se joue en creux, on peut identifier le manque du « joueur » : être reconnu, compris ou aimé pour ce qu'il est vraiment.

Étude de cas :

★ Un enfant demande de l'affection. S'il se met en mode persécuteur parce que l'on ne s'occupe pas assez de lui, il recevra de l'attention, mais négative : il se fera rejeter, punir, gronder. Il en conclura : « C'est toujours sur moi que ça tombe ! C'est toujours moi qui suis puni ! » Le persécuteur, vous l'avez reconnu, c'est notre rebelle arrogant. Il « persécute » pour être entendu, reconnu. Au final, il recevra sa dose d'attention, mais sa croyance dans le fait qu'on ne l'aime pas sera renforcée.

Pour l'aider, on peut l'inviter à utiliser sa créativité et son raisonnement pour transformer ses oppositions et jugements en propositions constructives, car ses qualités sont sa capacité à s'affirmer et à se positionner.

★ Notre enfant peut aussi choisir une autre option et se positionner en sauveur : il fera alors à la place de, rendra service avant qu'on le lui demande, se mêlera de tout, voudra régler les problèmes de tout le monde... Fatalement, à un moment donné, on le jugera agaçant, intrusif et étouffant. Les uns pourront l'utiliser comme « bonne poire », les autres lui renvoyer : « Tu me soûles ! Je t'ai rien demandé. » Il répondra : « Mais moi, je voulais juste aider ! » Il s'attendait tant à ce qu'on lui soit redevable, qu'on le remercie, qu'il vivra cette mise à l'écart comme une injustice, qui pourra le faire basculer dans un rôle de victime.

Pour l'aider, on va valoriser sa disponibilité, son empathie, son désir de soutenir, d'écouter, d'être présent à l'autre. On lui expliquera que, paradoxalement, trop d'aide n'est pas aidant : agir à la place de l'autre, c'est l'empêcher de faire appel à ses propres ressources et d'expérimenter par lui-même.

★ Dernière option pour notre enfant en quête d'affection : se positionner en victime qui se plaint et voit tout en noir : « Je n'arrive pas à faire ça » (sous-entendu : « Tu ne peux pas le faire à ma place ? »). C'est un Calimero qui se fait prendre en charge par un sauveur, ou malmener par un persécuteur.

La victime est souvent un sauveur incompris – qui voulait faire plaisir –, mais également un enfant qui se replie dans une attitude dépressive, parce qu'il a renoncé à être compris. Attention toutefois : la victime peut aussi se transformer en redoutable manipulateur qui jouera de la culpabilité pour obtenir ce qu'il veut !

Pour l'aider, on mettra en avant sa capacité à extérioriser ses émotions, une vulnérabilité qu'il peut apprivoiser en apprenant à s'exprimer de manière positive. Pourquoi ne pas lui donner également des responsabilités et l'inviter à trouver des solutions à ses propres problèmes ? En revanche, ne jouez surtout pas le sauveur avec une victime ! C'est précisément ce qu'il attend et ce qui renforcera son statut de victime !

CoNCLuSioN

Vous l'avez noté, nous n'avons pas de recette éducative miracle. Nous ne vous promettons pas un enfant épanoui en dix leçons ! La raison est qu'il existe mille et une façons d'être parent et qu'aucune n'est parfaite.

Mais si vous n'êtes pas tout-puissants, vous n'êtes pas impuissants pour autant. Votre rôle est même fondamental : c'est à vous d'aider votre enfant à trouver son chemin en l'aimant sans le surprotéger, en le comprenant sans toujours l'excuser, en l'encadrant sans l'enfermer, en l'aidant sans faire à sa place. En clair, en étant « suffisamment bon » – comme le préconisait le pédopsychiatre anglais Donald Winnicott –, capable de lui laisser assez d'espace pour qu'il ose, expérimente, affronte, bref, pour qu'il se construise. Bien sûr, cet accompagnement vers l'autonomie est recommandable dans tous les cas, mais plus encore avec un petit HP, certes fragile, mais naturellement enclin à trouver ses propres solutions.

Pour autant, nous sommes également bien conscientes que confiance et sérénité parentales ne vont pas de soi ! Encore moins face à un enfant décalé, atypique, hyperpenseur, hypersensible, hyper à cran, hyper tout. Avant de découvrir le haut potentiel de nos chères têtes brunes et blondes – et même après... – nous-mêmes avons été maintes fois déstabilisées, parfois malmenées, trop souvent jugées. Nous avons douté de nous, de nos enfants, suivi ou subi les bons conseils des uns et les reproches des autres... Mais une fois compilés, triés et analysés tous ces doutes, ces tâtonnements, ces erreurs (à condition qu'elles soient reconnues), ces échanges, ces lectures, ces recommandations et ces accusations, nous avons finalement constaté que nous disposions d'un précieux « trousseau ».

Nous avons été heureuses de le partager avec vous. C'est notre manière de vous montrer à quel point vous n'êtes pas seuls, de vous dire que nous comprenons le désarroi dans lequel vous plongent le comportement de votre enfant et l'annonce (ou la possible annonce) de son haut potentiel sans notice d'accompagnement. C'est aussi l'occasion pour nous de vous proposer les cours de code qui nous ont tant fait défaut, à nos débuts. Ce sera à vous de conduire par la suite ! Au départ, vous aurez sans doute le sentiment d'avancer avec un A dans le dos. Puis vous prendrez de l'assurance. Cela ne vous empêchera pas de commettre des erreurs, de vous tromper de route, mais vous finirez bien par retrouver votre chemin. Et puis vous pourrez compter sur votre co-pilote ! Car à vos côtés, votre fils ou votre fille saura peut-être mieux que vous lire la carte. Ce qui vous enchantera !

Élever un enfant est une aventure. Élever un enfant précoce est un défi. Le relever vous fera grandir vous aussi, parce qu'au moindre dérapage, vous serez sanctionnés, obligés de freiner ou d'accélérer, de revenir en arrière ou de prendre une autre direction sous peine de foncer droit dans le mur. C'est surtout un sacré voyage, riche en découvertes et en belles surprises.

Vous n'en êtes encore qu'au début, mais croyez-nous : la précocité n'est pas un handicap. C'est au contraire une chance, à condition qu'elle soit identifiée, et le plus tôt possible de préférence. En règle générale, les jeunes diagnostiqués et accompagnés entrent dans la vie active bien équipés. Les adultes dont la douance est restée ignorée traînent en revanche un mal-être existentiel pouvant aller jusqu'à la marginalisation et à la dépression. Témoin, Axelle, 40 ans : « Ma mère ne sait pas qui je suis, n'a jamais su. » Au fil du temps, le lien mère-fille s'est délité jusqu'à creuser un fossé que la thérapie tente aujourd'hui de combler. Pourtant, la mère n'a rien fait de mal... Elle ne savait tout simplement pas.

ANNEXES

Pour aller plus loin...

Bibliographie

Ces gens qui ont peur d'avoir peur, Mieux comprendre l'hypersensibilité, Elaine N. Aron (Les éditions de l'Homme, 2013).

Enfants surdoués en difficulté, De l'identification à une prise en charge adaptée, Sylvie Tordjman (Presses universitaires de Rennes, 2005).

J'arrête de trop penser, Béatrice Lorant (Leduc.S éditions, 2017).

La constellation des dys, Bases neurologiques de l'apprentissage et de ses troubles, Michel Habib (De Boeck – Solal, 2014).

L'enfant à haut potentiel intellectuel : Regards croisés, Olivier Revol, Michel Habib et Vincent Brun (Sauramps éditions, 2018).

L'enfant doué, l'intelligence réconciliée, Arielle Adda et Hélène Catroux (Odile Jacob, 2016).

L'enfant précoce au quotidien, Tous mes conseils pour lui simplifier la vie à l'école et à la maison, Béatrice Millêtre (Payot psy, 2015).

L'enfant surdoué, Jeanne Siaud-Facchin (Odile Jacob, 2012).

Les « surdoués » et les autres, Penser l'écart, Carlos Tinoco, Sandrine Gianola et Philippe Blasco (JC Lattès, 2018).

L'échec scolaire, ça se soigne, Olivier Revol (JC Lattès, 2006).

Tronche de Zèbre, ma vie d'enfant précoce, Vincent Thibodeau (Marabout, 2017).

Vive les Zatypiques ! Audrey Akoun, Isabelle Pailleau (Leduc.S éditions, 2017).

Les tribulations d'un petit zèbre, épisodes de vie d'une famille à haut potentiel intellectuel, Alexandra Reynaud (Eyrolles, 2016). Voir aussi le blog.

Mais aussi :

- Les petites histoires pour devenir grand, Sophie Carquain (Livre de poche).
- La collection « Les goûters philo » (Milan).
- La collection Max et Lili, Dominique de Saint-Mars et Serge Bloch (Calligram).
- les livres des éditions Pourpenser.

Et les jeux :

- Brin de Jasette Famille, le jeu qui fait parler petits et grands ! (éditions Brin de Jasette).
- Dixit, une image vaut mille mots (Libellud).
- La boîte des petits philosophes.

Au FiL Du WeB

- Potentialdys.org (L'association qui œuvre pour la bientraitance scolaire)
- afep-asso.fr (association française pour les enfants précoces)
- anpeip.org (association nationale pour les enfants intellectuellement précoces)
- les-tribulations-dun-petit-zebre.com (blog) : Les épisodes de vie d'une famille HQI... autrement dit surdouée !
- enfantsprecoces.info (communauté d'entraide)
- emotifs-talentueux.com (site, blog et TV)

Table des matières

Introduction 7

Nos petites histoires de vie 11

Nathalie, maman d'Émilie, Paul et Marie, tous précoces ! 11

Béatrice, maman de Paul, précoce et légèrement Asperger 12

Identifier un enfant précoce 15

Le parcours du combattant des parents 17

Les premiers signes 18

- Une curiosité insatiable 18
- Une étonnante conscience du monde 20
- La question spécifique de la mort 20
  - *Le souvenir de Béatrice* 22
  - *Le souvenir de Sophie* 23
- Une mémoire incroyable 24
- Des perceptions « extra-ordinaires » 24
- Une émotivité surprenante 26
- Un développement inégal 26
  - Compétences intellectuelles... 27
  - ... et autres maladresses 27
- Des garçons « atypiques » plus visibles que les filles 28

On rembobine le film 29

- Un regard perçant 30
- Des sens encombrants 30
- Une absence de demi-mesures 31
- Des bébés éveillés, mais singuliers 32
- Un vocabulaire élaboré 33

Des parents en proie au désarroi 34

- Écartons d'emblée ceux qui ne s'inquiètent pas 34

- Ceux dont les doutes s'amplifient 35
  Ils l'ont dit ! 37

Du désarroi au diagnostic 38

  Le souvenir de Nathalie 38
- Le diagnostic, c'est quoi ? 39
  Le test en bref 41
  La courbe de Gauss de l'intelligence 42
  Notez-le ! 43
- Faut-il donner le résultat ? 44
- Les réactions au diagnostic 46
  Certains parents sont soulagés 46
  Certains parents sont abattus 47
  Certains parents sont enchantés 47
  Certains parents remettent le test en question 48
- Un diagnostic nécessaire à prendre avec recul 49

Mon enfant est « officiellement » précoce 51

L'enfant à haut potentiel, un colosse aux pieds d'argile 52
- Une curiosité vive, mais restreinte 53
- Un raisonnement en arborescence souvent incompréhensible 54
  Le souvenir de Béatrice 56
  Le souvenir de Paul, le fils de Nathalie 56
- Une hyperesthésie fascinante mais douloureuse 57
- Une hypersensibilité précieuse mais envahissante 58
- Des perceptions supra-sensorielles qui laissent perplexe 59
- Un développement intellectuel en avance sur la gestion des émotions 60
- Une exigence de savoir qui ne souffre pas l'erreur 61
- Une joie d'afficher ses connaissances qui irrite 63
- Un sens de la justice... absolu 65
- Une incompréhension du comportement des autres 67

Un enfant qui met très tôt en place des mécanismes de défense 69
- Une rationalisation qui peut verser dans la pensée rigide 69
- Un contrôle de l'empathie jusqu'au verrouillage 70
- Une autojustification qui peut virer à l'arrogance 70
- Une adaptation jusqu'à l'effacement de soi 71
  Ils l'ont dit ! 72
- Une opposition jusqu'à la rébellion 72

• Un décalage avec les autres qui peut conduire à l'isolement 72

De la précocité à la pathologie 73
• L'alexithymie 74
• La phobie scolaire 74
Le cas de Carla 75
Le cas de Laura 76
• La dépendance affective 76
• Les conduites à risque 76
• Les troubles associés les plus observés 77
• L'adolescence et le risque de pathologisation 79

COMMENT ACCOMPAGNER L'ENFANT PRÉCOCE (ET SES PARENTS !) 81

Soutenir les parents 84

Apporter les premiers secours 84
• La nécessité d'être vus avec l'enfant 85
• Le besoin d'être écoutés et entendus 85
• Le besoin d'être rassurés 87
• Le besoin de défusionner 87
• Le besoin de « guidance parentale » 88

Aider les parents à être des parents 89
• Définir le cadre 89
Un cadre structurant, bienveillant et hypercohérent 90
Notez-le ! 91
La confrontation avec le cadre strict de l'école 91
La ronde des « Pourquoi », des « Ça sert à quoi » et des « Ça sert à rien » 92
• Établir un contrat 93
Notez-le ! 95
Exercices : identifiez vos valeurs 95
• Donner des consignes claires 96
• Donner des consignes cohérentes 96
• Poser une juste autorité 98
Ni trop rigide ni trop souple 98

Accueillir sans toujours accepter ... 99
Respecter l'enfant et se respecter soi-même ... 100
• Accompagner la dyssynchronie ... 101
Aller à son rythme ... 101
Lui apprendre la patience et l'indulgence ... 102
• Gérer les crises et les conflits ... 103
Les pièges à éviter ... 105
• Poser les bonnes questions ... 114
• Répondre à son angoisse de mort ... 115
S'appuyer sur ses croyances ... 116
Revenir à l'instant présent ... 116
Pensez-y ! ... 117

Quelle attitude adopter vis-à-vis de l'école ? ... 118
• En parler ou pas à l'école ? ... 118
• Faut-il faire sauter une classe ? ... 119
• Faut-il choisir une école ou une classe spécialisée ? ... 121
Le souvenir de Nathalie ... 122

Aider les enfants à s'épanouir ... 124

Il était une fois... moi ... 124
• Expliquer la précocité : une valeur pédagogique ... 125
• Permettre la discussion ... 126
• Partir à la rencontre de soi ... 127
Notez-le ! ... 128

Comment bien vivre avec moi-même et avec les autres ? ... 129
• Gérer la frustration ... 129
• Sortir de la pensée rigide ... 130
• Transformer mes émotions en alliées ... 130
• Prendre conscience de ma capacité de résilience ... 131
• Utiliser ma pensée en arborescence dans tous les exemples de la vie . 132
Notez-le ! ... 132
• Accepter aussi les autres ... 133

Notre boîte à outils « maison » ... 135

Le cadre ... 136

Le cycle de l'autonomie 140
Le mode relationnel 146
Le pense-bête émotionnel 151
Les positions de vie 157
Se lancer des fleurs 162
Les signes de reconnaissance 164
Le triangle dramatique 167

Conclusion 173

ANNEXES 177

Pour aller plus loin... 179

Bibliographie 179
Au fil du web 181

Vive les ZATYPIQUES!

Aidons nos enfants hypersensibles, hyperactifs, dys-, précoces et autres zèbres de 3 à 20 ans à s'épanouir

Audrey Akoun, Isabelle Pailleau

Par les auteurs du best-seller *Apprendre autrement avec la pédagogie positive*

LEDUC.S EDITIONS

Valérie Broni

Thérapeute en psychologie énergétique

Préface de Jean-Michel Gurret

INCLUS :
6 vidéos sur la pratique de l'EFT

Aider **L'ENFANT PRÉCOCE** à s'épanouir grâce à l'EFT (techniques de libération émotionnelle)

Une méthode pour apprendre aux enfants, aux adolescents et à leurs parents à mieux gérer leurs émotions

LEDUC.S ÉDITIONS

Achevé d'imprimer en septembre 2018
sur les presses de la Nouvelle Imprimerie Laballery – 58500 Clamecy
Dépôt légal : octobre 2018 – N° d'impression : 808162

Imprimé en France

La Nouvelle Imprimerie Laballery est titulaire de la marque Imprim'Vert®